Le droit face aux ondes

Monde en mutation technologique et droit au Bénin

Collection « Études africaines »
dirigée par Denis Pryen et son équipe

Forte de plus de mille titres publiés à ce jour, la collection « Études africaines » fait peau neuve. Elle présentera toujours les essais généraux qui ont fait son succès, mais se déclinera désormais également par séries thématiques : droit, économie, politique, sociologie, etc.

Dernières parutions,

Alexis NDABARUSHIMANA, *Le Burundi face aux besoins fondamentaux de sa population*, 2021.
Marie Agnès FEUKEU TCHOUMBA, *Le pouvoir de sanction de l'Union africaine. Analyse des mécanismes de coercition du système d'intégration régionale africain*, 2021.
Abdel Kader BONGO DOYENDZE, *Le Paléolithique en République du Gabon : Étude des industries préhistoriques du Haut Ogooué*, 2021.
Mamadou Bakaye DEMBELE, *L'échec d'une construction légale du droit des successions au Mali*, 2021.
Yassine KERVELLA-MANSARÉ, *La condition peule hier et aujourd'hui. Étude comparative de communautés : Guinée et Tchad*, 2021.
Saliou NGOM, *Femmes et politique au Sénégal. Les dynamiques imbriquées d'inclusion-exclusion de l'indépendance à nos jours*, 2021.
Jean OTEMIKONGO MANDEFU YAHISULE, *Elections et changement politique en République démocratique du Congo. Six décennies perdues pour le développement*, 2021.
Sylvain Sorel KUATE TAMEGHE, *La justice, ses métiers, ses procédures, OHADA, Union Africaine, CEEAC-CEMAC, CEDEAO-UEMOA, Nations Unies, Cameroun, 4ème édition*, 2021.
Adrien ELLA MENDENE, *L'approche par les compétences au Gabon*, 2021.

Hugues Prudent Espoir TOSSA

Le droit face aux ondes

Monde en mutation technologique et droit au Bénin

L'Harmattan

5-7, rue de l'École-Polytechnique 75005 Paris

http://www.librairieharmattan.com

ISBN : 978-2-343-21885-4
EAN : 9782343218854

PREFACE

Il n'est pas exagéré d'affirmer que le monde n'a jamais été autant exposé aux ondes électrotechniques ou électromagnétiques, aux rayonnements ionisants ou non ionisants. C'est une évidence, une tendance appelée à perdurer. Ne sommes-nous pas seulement à l'aube de la 5G, du développement de l'Intelligence Artificielle (IA), de l'*Internet of Everything* (IoE)... bref, de la généralisation du tout numérique ?

Sommes-nous, en tant que communautés sociales, conscientes des conséquences de ces ondes sur notre santé ? Pouvons-nous compter sur le droit pour assurer efficacement notre protection ? Les normes en vigueur dans nos différents Etats, qu'elles soient d'origine internationale, nationale ou communautaire, sont-elles à la hauteur du foisonnement technologique et électronique avec la multiplicité et la diversité des sources d'ondes électromagnétiques ? Quid de la situation toute particulière des Etats africains à l'instar du Bénin ?

Ce sont ces préoccupations qui légitiment et valorisent les réflexions de **Hugues P. E. TOSSA**, une analyse conduite avec une grande rigueur scientifique.

L'auteur part du principe inscrit en lettres d'or dans la Déclaration de Stockholm de 1972 - tout Homme a droit à un environnement sain - qu'il a mis en rapport avec l'impératif de protection contre les effets nocifs induits de l'hyper-présence des technologies. Des seuils, des normes et des standards sont fixés à travers divers textes avec des organismes chargés d'en assurer le contrôle et la mise en œuvre. Mais, quand des citoyens se retrouvent cernés par une multitude de sources d'ondes électromagnétiques rendues nécessaires par le développement économique (paradigme nouveau de l'économie numérique avec son corollaire de digitalisation), comme c'est de plus en plus la réalité aujourd'hui, pouvons-nous encore nous fier aux textes et aux organismes tels qu'ils se présentent ?

Dans une démarche juridico-pédagogique, Hugues P. E. TOSSA s'appuie sur deux « foyers d'ondes » qu'il qualifie de « critiques » voire de « véritables tueurs silencieux » : il s'agit des téléphones portables dont l'usage consiste pourtant à les porter très près des organes sensibles du corps et des antennes de la téléphonie mobile installées le plus souvent au milieu des habitations. Pour parachever son approche, l'auteur indique clairement l'objectif de sa recherche : mettre à nu des faiblesses importantes du système juridique de protection face à la pollution électromagnétique, et, ce faisant, contribuer à son renforcement. C'est un courage scientifique à saluer et une finesse à encourager d'autant plus qu'il s'agit, dans le contexte particulier du Bénin, d'une recherche pionnière.

Aussi les analyses contenues dans l'ouvrage sont-elles de nature à interpeller les législateurs nationaux et les instances internationales compétentes en vue d'une prise de conscience sur le « danger négligé » de notre monde post-moderne que représentent les ondes électromagnétiques. Ce n'est pas une circonstance favorable pour la santé publique que nous restions sourds et inactifs. C'est à la limite un cri d'alarme que lance l'auteur.

L'intérêt de cette recherche est de plusieurs ordres. D'abord, elle montre que le droit reste insuffisamment protecteur face auxdits rayonnements, une insuffisance tenant au cadre politico-juridique qui, semble-t-il, fait la part belle aux intérêts économiques, au détriment des valeurs écologiques ; une insuffisance pourtant perceptible dans la mise en œuvre du cadre juridique. Ensuite, elle pointe notamment le recours à des critères vétustes et qui manquent de pertinence dans les textes en vigueur, tant l'univers des TIC est évolutif et mouvant par nature, face au droit dont l'élaboration se fait plutôt lentement. Enfin, Hugues P. E. TOSSA a préconisé à ce diagnostic préoccupant, une thérapie à double entrée : d'une part, la nécessité d'adaptation des textes aux résultats scientifiques et, d'autre part, le renforcement du dispositif de protection.

Cet ouvrage constitue une contribution scientifique de grande facture qui, modestement, vient combler un vide. Hugues P. E. TOSSA, en soulignant que, finalement, face aux sources d'ondes électromagnétiques, il est difficile de soutenir que le régime juridique en l'état, concourt de manière satisfaisante, à la réalisation du droit de l'homme à l'environnement, a dit plus qu'il ne croyait dire.

Nous espérons que cette réflexion aura un écho favorable au Bénin, voire au-delà et que le public avisé lui fera bon accueil.

Serge Armel ATTENOUKON,
Ph.D Sciences de l'Education
Maître de Conférences des Universités CAMES
Juriste environnementaliste
Enseignant-Chercheur à l'Université d'Abomey-Calavi (Bénin)

DEDICACE

Je dédie ces prémices à **Antoinette LANTEYI** : ma Mère, et **Claude TOSSA** : mon Père.

Je les dédie à la famille **TOSSA**.

A la famille **LANTEYI**, mon autre famille paternelle, cette même dédicace.

REMERCIEMENTS

« Une personne au physique insignifiant, venait de réaliser un exploit.

On le félicita chaleureusement, de ce fait d'armes, réservé aux colosses.

A son tour, l'heureux, a renvoyé ces compliments, aux personnes qui n'ont ménagé aucuns efforts, à lui donner les moyens physiques et intellectuels de cette victoire. »

Sur ce, nous remercions de leurs diverses contributions sans contrepartie :

- Monsieur Barnabé G. GBAGO, Agrégé des Facultés de Droit.
- Monsieur Apollinaire GOUDOU, Docteur en droit privé.
- Monsieur Martial T. ZANNOU, Docteur en droit privé.
- Monsieur François TCHOKA, Docteur en droit privé.
- Monsieur Serge A. ATTENOUKON, Juriste environnementaliste et Maître de Conférences en Sciences de l'Education.
- Monsieur Paul TOSSA, Docteur en toxicologie environnementale et évaluation des risques sanitaires environnementaux.
- Monsieur Brice SOHOU, Docteur en géosciences de l'environnement et aménagement de l'espace, spécialiste des risques et catastrophes.
- Monsieur Xavier FIFATIN, Directeur Adjoint de l'Ecole polytechnique d'Abomey-Calavi (EPAC).
- Monsieur Léopold DJOGBE, Directeur du département de Génie Informatique et Télécommunications, de l'Ecole polytechnique d'Abomey-Calavi (GIT/EPAC).

- Monsieur Romaric ADEGBOLA, Expert en électronique et télécommunications ; doctorant au département Génie (GE) Electrique de l'EPAC.
- Monsieur Eric HOUESSOU, Président de l'Association béninoise pour la défense du consommateur (ABDCo).
- Monsieur Robin ACCROMBESSI, Président de l'Association des consommateurs des technologies de l'information et de la communication (ACTIC).
- Monsieur Denis HOUNGNIMON, Chef Division TIC-BU/UAC.
- Le tandem : Damienne et Narcisse LANTEYI, Biologiste et Ingénieur en Energies Renouvelables et Systèmes Energétiques.
- Le Centre de contrôle et de gestion des fréquences (CCGF).
- Le Campus numérique francophone de Cotonou.
- Enfin, *last but not least*, le Centre béninois de la recherche scientifique et technique (CBRST).

Faisant nôtre la merveilleuse maxime dahoméenne de gratitude, selon laquelle « pour bonifier un acheteur de sel, on ne lui donne pas du sable mais encore du sel », nous vous souhaitons de l'expansion.

Gratitude, à vous tous, nommés ou non !

LISTE DES SIGLES ET ABREVIATIONS

AAEM	:	Académie Américaine de Médecine Environnementale
ABSU-CEP	:	Agence Béninoise du Service Universel des Communications Electroniques et de la Poste
ACP	:	Associations de Consommateurs Partenaires
AEE	:	Agence Européenne pour l'Environnement
AG/ONU	:	Assemblée Générale de l'Organisation des Nations Unies
ALARA	:	As Low As Reasonably Achievable
ANCB	:	Association Nationale des Communes du Bénin
ANFR	:	Agence Nationale des Fréquences
ANSES	:	Agence Nationale de Sécurité Sanitaire de l'alimentation, de l'environnement et du travail
APCE	:	Assemblée Parlementaire du Conseil de l'Europe
ARCEP	:	Autorité de Régulation des Communications Electroniques et de la Poste
ATRPT	:	Autorité Transitoire de Régulation des Postes et Télécommunications
Catégorie 2A	:	Agent probablement cancérogène
Catégorie 2B	:	Agent peut-être cancérogène (parfois appelé cancérogène possible)
CCAVES	:	Coordination des Collectifs et Associations Volontaires en Environnement Santé et Société
CCGF	:	Centre de Contrôle et de Gestion des Fréquences
CEM	:	Champ Electromagnétique

C.I.J.	:	Cour Internationale de Justice
CLEMI	:	Centre pour l'Education aux Médias et à l'Information
CIPRNI	:	Commission Internationale de Protection des personnes contre les Rayonnements Non Ionisants
CIRC	:	Centre International de Recherche sur le Cancer
CRIIREM	:	Centre de Recherche et d'Information Indépendant sur les Rayonnements Electro Magnétiques non ionisants
DAS	:	Débit d'Absorption Spécifique
DCC	:	Décision de la Cour Constitutionnelle
DEEE	:	Déchets d'Equipements Electriques et Electroniques
DPS	:	Document de Politique et de Stratégie du secteur des Télécommunications, des Technologies de l'Information et de la Communication et de la Poste
DSS	:	Déterminants Sociaux de la Santé
EEE	:	Equipements Electriques et Electroniques
EPI	:	Equipements de Protection Individuels
GHz	:	Gigahertz
GSM	:	Global System for Mobile Communications
HSEM	:	Hypersensibilité Electromagnétique
Ibid.	:	Ibidem (au même endroit)
ICNIRP	:	International Commission On Non-Ionising Radiation Protection (équivalent anglais de CIPRNI)
IEI	:	Intolérance Environnementale Idiopathique
INRS	:	Institut National de Recherche et de Sécurité
IRPA	:	Association Internationale de Radioprotection

IRSST	:	Institut de Recherche en Santé et en Sécurité du Travail
ISO	:	Organisation Internationale de Normalisation
LTE	:	Long Term Evolution
NACST	:	Association Nationale pour la Sûreté des Technologies utilisées par les Enfants
N.S.E	:	Normes et Standards Environnementaux
OMS	:	Organisation Mondiale de la Santé
Op. cit.	:	Opus citato (dans l'ouvrage cité)
ORAN	:	Organisation Régionale Africaine de Normalisation
PAG	:	Programme d'Actions du Gouvernement
PNM	:	Portabilité des Numéros Mobiles
PRIARTEM	:	Pour Rassembler, Informer et Agir sur les Risques liés aux Technologies ElectroMagnétiques
Projet CEM	:	Projet International pour l'étude des Champs Electromagnétiques
PVD	:	Pays en Voie de Développement
Réseau CANOPÉ	:	Réseau de Création et d'Accompagnement Pédagogique
RNI	:	Rayonnements Non Ionisants
SEEAC	:	Secrétariat pour l'Evaluation Environnementale en Afrique Centrale
SICEM	:	Syndrome d'Intolérance aux Champs ElectroMagnétiques
SIM	:	Subscriber Identity Module
SU	:	Service Universel
TASS	:	Tribunal des Affaires de Sécurité Sociale
TIC	:	Technologies de l'Information et de la Communication
TNT	:	Télévision Numérique Terrestre

UMTS	:	Universal Mobile Telecommunications System
UNESCO	:	Organisation des Nations Unies pour l'Education, la Science et la Culture
VLE	:	Valeurs Limites d'Exposition
2G	:	Second generation wireless communication ou Deuxième Génération de la téléphonie mobile (système de)
3G	:	Third generation wireless communication ou Troisième Génération de la téléphonie mobile (système de)
4G	:	Fourth generation wireless communication ou Quatrième Génération de la téléphonie mobile (système de)

EPIGRAPHE

« Les progrès scientifiques et techniques ont de toute évidence engendré d'autres problèmes en l'occurrence, la violation des droits de l'homme. La technique de plus en plus envahissante dans notre vie défie désormais les règles juridiques qui protègent nos libertés. Ces méfaits apparaissent comme inhérents aux progrès scientifiques et techniques. »

SOMMAIRE

Introduction

« Le droit face aux ondes électromagnétiques […]. »[1] Ces mots à propos du Professeur Olivier CACHARD, constituent un condensé des problèmes suscités par l'expansion ininterrompue des technologies dans l'environnement. Partout en effet, « nous vivons en permanence dans un bain d'ondes électromagnétiques »[2]. L'industrialisation des sociétés et la succession continue des révolutions technologiques ont donné lieu à un accroissement sans précédent du nombre et de la diversité des sources de champ électromagnétique (CEM)[3]. Bien que ces inventions [technologiques] aient rendu notre vie plus cossue, plus sûre et plus facile, les CEM qu'ils émettent engendrent certaines inquiétudes quant aux risques pour la santé pouvant en découler[4]. Ces inquiétudes sont légitimées eu égard au surpeuplement continu des milieux de vie par les technologies et le risque réel qu'il fait courir au droit de l'homme à l'environnement, tant est élevée la quantité de technologies en circulation au point de donner le tournis[5]. Face à ce " tout-technologique " et son effet subséquent : l'exposition permanente et multifactorielle aux ondes, l'on est en droit de redouter que le droit à l'environnement – droit vital – soit déjà compromis ou enfoncé dans une crise imperceptible et préjudiciable pour le commun des mortels.

---

[1] O. CACHARD, Le droit face aux ondes électromagnétiques. Comment le droit appréhende l'exposition aux ondes électromagnétiques sur la santé ?, Paris, LexisNexis, Coll. « Actualité », 2016.

[2] C'est ce qu'on lit dans une brochure de l'ARCEP-BENIN intitulée : Mesures et précautions réglementaires de protection des populations contre les effets des Rayonnements Non Ionisants (RNI), pp. 2-3.

[3] On appelle champ électromagnétique, l'espace où se propagent les ondes.

[4] E. VERDEUN, Les radiofréquences et la santé, Thèse de doctorat en sciences pharmaceutiques, Université de Bordeaux, 2015, p. 63.

[5] 1,424 milliard de smartphones en 2015, le nombre de machines et d'appareils connectés à Internet est passé de 200 millions en 2000 à 15 milliards en 2015 et sera de 40 milliards en 2020. V. Le Monde diplomatique, « https://www.monde-diplomatique.fr/2016/09/RIMBERT/56226 », consulté le 13/07/2020 et Cairn.info, « https://www.cairn.info/revue-le-debat-2015-1-page-14.htm », idem.

Pour tenir compte de l'omniprésence des technologies et surtout des effets de leurs ondes – effets âprement discutés –, le droit organise la protection des personnes contre ces rayonnements, en reconnaissant à l'homme le droit à l'environnement. La présente étude qui réalise une hybridation entre le droit et d'autres sciences à la suite de la loi[6], se penche sur ces " revers " du développement technologique en confrontation avec le droit ; le tout sous le titre : **le droit de l'homme à l'environnement face aux sources d'ondes électromagnétiques au Bénin**.

« Chaque science, chaque étude, a son jargon inintelligible [...] »[7] qu'« il faut bien débuter par définir si l'on ne veut pas finir par buter »[8]. Il va de soi qu'une meilleure compréhension du sujet nécessite au préalable un exercice de clarification conceptuelle.

Mais avant, il faut relever d'ores et déjà l'hyper-transversalité du thème, que lui insuffle sa filiation d'une part, avec le droit de l'environnement et d'autre part, le bioélectromagnétisme[9], tous deux multidisciplinaires par essence ; ce qui lui donne un trait méta-juridique prononcé et fait si on peut dire, sa complexité, plus exactement, sa technicité. « La force du droit [...] », apprend un auteur, « comme instrument de protection de

[6] Le principal texte en matière de protection contre les effets des ondes électromagnétiques : le décret n° 2015-490 du 07 septembre 2015 portant protection des personnes contre les effets des champs électriques, magnétiques et électromagnétiques de 0 à 300 GHz est particulièrement mixte, réalisant une combinaison sciences juridiques et sciences exactes.

[7] Dixit François Marie AROUET, alias VOLTAIRE.

[8] ELGOZY, Le contradictionnaire ou l'esprit des mots, Denoël, 1982 ; cité par L. CADIET et al., Théorie générale du procès, 2ème éd. mise à jour, Paris, PUF, Coll. « Thémis Droit », 2013, p. 45.

[9] Le bioélectromagnétisme est cette nouvelle discipline scientifique, spécialisée dans l'étude des effets des ondes électromagnétiques, que ce soit dans le domaine des nuisances et risques pour la santé ou que ce soit dans le domaine des thérapies. I. LAGROYE, Etude des effets biologiques des champs électromagnétiques non invasifs, Diplôme d'Habilitation à Diriger les Recherches, Paris, Ecole Doctorale de l'Ecole Pratique des Hautes Etudes, 2009, p. 1.

l'environnement lui vient de sa capacité à intégrer, au-delà des chapelles […] l'ensemble des données exogènes nécessaires »[10].

Le droit de l'homme à l'environnement est une terminologie floue, « trop englobant [e] »[11]. Il tire sa source de plusieurs instruments juridiques. Au Bénin, il figure dans diverses dispositions, cas de l'article 27 de la loi fondamentale[12]. Cet article dispose que : « Toute personne a droit à un environnement sain, satisfaisant et durable et a le devoir de le défendre. L'Etat veille à la protection de l'environnement. » On le retrouve dans des actes juridiques de portée internationale, parmi lesquels le plus emblématique est la Déclaration de Stockholm de 1972 (Principe 1). Faute de définition de ce droit par ces textes, il faut puiser à la doctrine afin de le clarifier. Au préalable, il faut signaler que le droit à l'environnement porte sur l'« environnement », concept à élucider.

L'environnement, est une notion « caméléon »[13]. On ne saurait en évoquer toutes les couleurs. Au-delà de sa polysémie, il est admis que l'environnement, c'est ce qui constitue le voisinage, ou l'ensemble des éléments naturels et artificiels qui entoure un être vivant ou une espèce, ou bien encore l'ensemble des éléments objectifs et subjectifs formant le cadre de vie[14]. Ainsi entendu,

---

[10] M. KAMTO, Droit de l'environnement en Afrique, Paris, EDICEF-AUPEL, 1996, p. 17.

[11] M. KAMTO, Op. cit., p. 52.

[12] Loi n° 2019-40 du 07 novembre 2019 portant modification de la loi n° 90-32 du 11 décembre 1990 portant constitution de la République du Bénin.

[13] M. PRIEUR, Droit de l'environnement, Paris, Dalloz, 1984, p. 2.

[14] M. KAMTO, Op. cit., p. 16. V. art. 2 de la loi n° 98-030 du 12 février 1999 portant loi cadre sur l'environnement en République du Bénin, JORB, n° 9, du 1er mai 1999, p. 352. Licéité de la menace ou de l'emploi d'armes nucléaires, avis consultatif, C.I.J., Recueil 1996, p. 226. La C.I.J. y conçoit l'« environnement » comme : « L'ensemble des éléments naturels et artificiels ainsi que des facteurs économiques, sociaux et culturels qui influent sur les êtres vivants. » P. KROMAREK, (dir.), Environnement et droits de l'homme, Paris, UNESCO, 1987, p. 19.

l'environnement, c'est l'espace, la nature, le milieu géographique[15]...

Tel qu'il ressort des textes sur le droit à l'environnement, ce droit, s'il porte sur l'environnement, ne se réfère pourtant pas à n'importe quel environnement. Il faut dès lors caractériser ce dernier pour en déduire le sens du droit à l'environnement.

Aux termes de l'article 27 de la constitution, le milieu doit être « sain, satisfaisant ». Le dictionnaire Le Robert[16] est assez précis sur ces qualités que doit revêtir le cadre de vie. A cet effet, « sain », opposé à « malade » désigne entre autres ce « qui est en bonne santé... dont l'organisme est bien constitué et fonctionne normalement, sans trouble » et surtout « qui contribue à la bonne santé » c'est-à-dire ce qui n'a aucun effet funeste sur l'état de santé. « Satisfaisant » fait référence à un environnement convenable au bien-être. Il s'agit alors d'un espace propice à la bonne santé, donc salubre, hygiénique et non pathogène. C'est dire par là le lien indissoluble entre environnement et santé[17]. La théorie des humeurs en vogue depuis l'antiquité et selon laquelle la qualité de l'air détermine l'état de santé, en est une parfaite illustration. Au regard de tout cela, on peut soutenir que le droit à l'environnement vise la protection de la santé humaine. Dans ce sens, P. Kromarek reconnaît que le droit à l'environnement est « le droit à des conditions de vie qui assurent la santé physique, morale, mentale et sociale, la vie elle-même, ainsi que le bien-être des générations présentes et futures »[18].

---

15 Y. VEYRET (sous la dir.), Dictionnaire de l'environnement, Paris, Armand Colin, 2007, p. 133.

16 J. REY-DEBOVE et A. REY (sous la dir.), Le Nouveau Petit Robert, Paris, Dictionnaires Le Robert, 1995, p. 2022.

17 E. TCHIAKPE, Contribution à la réalisation du droit de l'homme à l'environnement : cas particuliers du Bénin et de la France, Thèse de doctorat en droit privé, UAC, 2015-2016, p. 4.

18 Première conférence européenne sur l'environnement et les droits de l'homme, Strasbourg, 1979 cité par H. SMETS, « Une charte des droits fondamentaux sans droit à l'environnement », REDE, n° 4, 2001, p. 390.

On pourrait *in fine,* sur la base de ces caractéristiques, affirmer que le droit à l'environnement, comme dispose sans ambiguïté le droit français, est le droit à « un environnement respectueux de la santé »[19], impliquant un milieu de vie sain et satisfaisant. Mais des questions subsistent au sujet de ce droit. Les termes du questionnement sont parmi tant d'autres les suivants : est-il correct de parler de droit de l'homme à l'environnement ?

Le Professeur KAMTO répond par la négative. Selon lui, « il faudrait en tout état de cause comprendre le droit à l'environnement comme un droit bidimensionnel, c'est-à-dire à la fois comme un droit humain et un droit de la nature »[20]. Par ricochet, on devrait parler de droit à l'environnement. Cette conception qualifiée de « cosmique » présente l'avantage de réduire l'anthropocentrisme dont est empreint le droit de l'environnement et d'avoir une approche holistique. En dépit de sa pertinence, le droit à l'environnement doit être entendu dans la présente réflexion comme le droit de l'homme à l'environnement.

Les sources d'ondes électromagnétiques. D'abord le mot source. Du latin *surrectus* – surgir –, le mot source désigne l'endroit d'où sort quelque chose, ce qui est à la base, à l'origine de ou crée quelque chose[21]. Il est synonyme de : provenance, foyer, cause. Dans ce sens, les sources d'ondes électromagnétiques, c'est les corps émetteurs de pareils rayonnements[22].

La définition de « source » mentionne que c'est l'endroit d'où sort quelque chose, qui en est alors la résultante, la dérivée ou encore l'émanation. Il peut s'agir d'une matière solide, liquide ou gazeuse, un micro-organisme, un son, une vibration, un

---

19 Art. 1er de la loi constitutionnelle n° 2005-205 du 1er mars 2005 relative à la Charte de l'environnement, JORF, n° 51, du 2 mars 2005, p. 3697.

20 M. KAMTO, Op. cit., p. 52.

21 J. REY-DEBOVE et A. REY, Op. cit., p. 2124.

22 V. Annexe 1 pour images de sources d'ondes fournies par l'ARCEP-BENIN.

rayonnement, une chaleur, une odeur, une radiation[23] ou même d'une onde électromagnétique. Et c'est celle-ci qui est notre préoccupation.

De ce qui précède, **une onde électromagnétique**, c'est une émanation des technologies, lorsqu'elles sont en fonctionnement ou sont traversées par le courant électrique[24]. Ce dégagement se propage dans l'environnement de ce qui l'émet, traverse tout ce qui s'y trouve et transporte de l'énergie, absorbée par l'organisme humain si jamais, il se retrouve dans cette sphère. Pour certains rayonnements, le quantum d'énergie est tellement élevé qu'ils sont capables de briser les liaisons intra et intermoléculaires. Ces rayonnements sont dits ionisants ; ceux qui ne sont pas suffisamment énergétiques pour produire cet effet, sont dits non ionisants. C'est à cette dernière catégorie qu'appartient la grande majorité des technologies du quotidien, accessibles au commun des mortels : téléphones sans fil, appareils électroménagers, antennes relais etc…

A l'évidence, l'effet nocif des rayonnements est fonction de la quantité d'énergie qu'ils véhiculent et transfèrent à la matière vivante. Plus l'énergie est élevée, plus le rayonnement peut nuire à la santé. C'est pourquoi, la nuisance des ondes ionisantes est incontestée et que les rayons non ionisants (RNI) sont vus comme compatibles avec la santé. En dépit de cette catégorisation rassurante, l'on ne peut jurer d'une entière innocuité des RNI.

La question des effets « nocifs » de ces radiations, est si importante que l'Organisation mondiale de la santé (OMS) a fixé depuis 1998 des limites aux émissions d'ondes, appelées valeurs limites d'exposition (VLE) ou restrictions de base, sous forme de « recommandations ou normes » à destination des pays[25].

---

23 Art. 2 de la loi cadre sur l'environnement.

24 Annexe 2 pour représentations d'émissions d'ondes de téléphones portables (en cours d'appel et de manipulation) et d'antennes relais.

25 V. Annexe 3 pour les limites d'exposition recommandées par l'OMS (1998).

Seulement, il est important de préciser que ces VLE ne font pas l'unanimité, même au sein de la communauté scientifique où elles souffrent de discrédit. Sur ces entrefaites, en 2013, l'OMS a classé les radiofréquences – ondes générées par les moyens de télécommunication – comme cancérigènes possibles, après en avoir fait de même plus tôt (2002), pour les extrêmement basses fréquences, générées par les lignes électriques.

Dans ce contexte, le Bénin qui adopte *in extremis* – en 2015 – des seuils limites[26], intègre telles quelles ces VLE sous lesquelles, l'instance faîtière a déclaré, responsables potentielles de déclenchement de tumeurs cancéreuses, les radiofréquences. Il conçoit des politiques visant à faire des technologies de l'information et de la communication (TIC), c'est-à-dire des sources d'ondes, dont la reconnaissance de la nuisibilité s'inscrit dans la dynamique, le levier du progrès économique, « l'autre poumon de l'économie nationale ». De par leur concrétisation, émergent du paysage des sources d'ondes de tous genres, avec comme conséquence immédiate la promiscuité des rapports entre l'humain et l'infrastructure du numérique[27]. En 2016, un citoyen a saisi la Cour constitutionnelle pour violation des droits de la personne humaine, sur fond d'affections qu'il attribue aux ondes dégagées par l'antenne GSM installée tout près de son domicile[28] ; sans oublier, le rapport à charge de l'enquête réalisée

---

26 V. Annexe 4 pour le texte du décret n° 2015-490 du 07 septembre 2015 portant protection des personnes contre les effets des champs électriques, magnétiques et électromagnétiques de 0 à 300 GHz.

27 V. Annexe 5 pour illustration de cette cohabitation avec les antennes de la téléphonie mobile (agents pathogènes selon le classement OMS) dans la ville de Cotonou.

28 Cour constitutionnelle, DCC 17-205 du 19 octobre 2017, « http://cour-constitutionnelle-benin.org/doss_decisions/DCC%2017-205.pdf », consulté le 07/11/2018. Il n'y a pas violation des droits de la personne humaine selon la Cour ; motif pris de la conformité des niveaux des ondes propagées par l'antenne, aux limites d'émission. Néanmoins, l'OMS reconnaît comme handicap invalidant l'électrohypersensibilité, pathologie alléguée par le requérant. C'est un syndrome se manifestant chez des sujets, quand ils sont dans un champ électromagnétique même respectueux des VLE.

au plan national, lequel remet fortement en cause les pylônes de la téléphonie mobile[29].

Il s'en infère moult interrogations, au cœur desquelles se trouve : la question de l'efficacité du droit édicté en vue de protéger l'homme face aux effets des ondes au Bénin.

Dans l'analyse du droit de l'environnement en tant que discipline, les auteurs se sont souciés principalement de l'efficacité et de l'effectivité des règles[30]. Une règle est efficace si son application permet d'atteindre, au sein du corps social, le ou les objectifs visé (s) par l'autorité publique à l'origine de son initiation[31]. Elle est en outre effective, quand elle est appliquée.

Parler d'efficacité, revêt une importance capitale. Un corps de règles qui manque d'efficacité, totalement ou partiellement, est source d'insécurité dans la même mesure au détriment des personnes, jouant plus un rôle de remplissage du droit positif que de moyen de parvenir au but prédéterminé par son initiateur.

Il pourrait être reproché que le droit, ce n'est pas les sciences exactes et qu'on se trompe de champ de bataille à parler d'ondes électromagnétiques en sciences juridiques. Mais le droit de l'environnement, matrice du droit subjectif à un environnement satisfaisant, a ceci de singulier : il a des « dimensions

---

29 E. B. (SOHOU) et al., (2018), Caractérisation de la nuisance des relais GSM et des hautes tensions électriques de la CEB au Bénin. Voir annexe 6 pour ce rapport.

30 P. DONOUMASSOU, L'effectivité du droit de l'environnement au Bénin, Thèse de doctorat unique en droit, UAC/FADESP/Chaire Unesco des droits de la personne et de la démocratie, 1er mars 2013, pp. 13-14.

31 Identiquement défini le concept « efficacité » par la Cour Africaine des Droits de l'Homme et des Peuples dans l'affaire Lohé Issa Konaté c. Burkina Faso : v. « https://fr.african-court.org/images/Cases/Judgment/AFFAIRE.%2004-%202013%20-%20LOHE%20ISSA%20KONATE%20c.%20BURKINA%20FASO%20-%FRENCH.PDF », consulté le 17/04/2020.

scientifiques »[32], qui déteignent sur ce dernier. Pour cette raison, il compose avec les sciences de la nature et oscille au sein même du droit, entre ses branches privée et publique, ses aspects interne et international[33]. Selon DESIDERI, « [...] le droit de l'environnement impose une empreinte croissante à toutes les disciplines du droit des affaires publiques ou privées [...] En sorte que son appréhension exige désormais d'un praticien que celui-ci cumule dans le même temps une bonne connaissance du droit public et du droit privé des affaires, à la fois généraliste et spécialiste, avec de surcroît une aptitude particulière à se mouvoir parmi les multiples sources qui se superposent, en droit interne, en droit communautaire [...], auxquelles s'ajoutent encore les nombreuses conventions ou déclarations internationales »[34]. Depuis l'antiquité, ce droit, en tout cas son objet : l'environnement, est teinté de scientificité. Il fut même une préoccupation scientifique avant d'être juridique[35]. Du coup, le droit de l'environnement est marqué par sa dépendance étroite avec les sciences et les technologies. Sa compréhension nécessitant un minimum de connaissance scientifique, toute réflexion critique à son propos contraint à une approche pluridisciplinaire[36]. En réalité, il puise son substratum de la biologie, de la géologie, de la géographie, de l'océanographie, de la climatologie, de la pathologie, de l'économie, etc[37].

---

32 E. NAIM-GESBERT, Les dimensions scientifiques du droit de l'environnement, Bruxelles, Ed. Bruylant, 1999.

33 R. ROMI, Droit et administration de l'environnement, 3è éd., Paris, Montchrestien, 1999, pp. 2 et 6. J. ANDRIANTSIMBAZOVINA et al. (sous la dir.), Dictionnaire des droits de l'homme, 1ère éd., Paris, PUF, Coll. « Quadrige », 2008, p. 372.

34 J.-P. DESIDERI, Droit de l'environnement, Vanves, Ed. Foucher, Coll. « Fiches », 2010, Avant-propos.

35 M. KAMTO, Op. cit., p. 16.

36 M. PRIEUR, Op. cit., p. 84.

37 C. GOUGBEDJI, La protection de l'environnement dans les pays de l'Afrique de l'Ouest : Aspects juridiques et politiques. Bénin, Burkina-Faso, Niger, Sénégal et Togo, Thèse de doctorat unique en droit,

Dans le cas d'espèce, le recours aux données scientifiques s'impose. Les VLE sont des données chiffrées[38]. La force du droit en tant qu'instrument de protection de l'espace ne suffit pas à elle seule à endiguer sa dégradation. Et à la vérité, il n'a jamais eu une telle prétention, assure le Professeur Maurice KAMTO[39].

Les « ondes électromagnétiques » sont un champ de connaissances purement scientifiques, appréhendé par le droit, élément « indissociable de la protection de l'environnement ». Aussi complexe que vaste, fait-il appel à une multitude de disciplines : les télécommunications, les sciences physiques, la biologie, la médecine, etc. au langage codé. Il reste que loin d'obscurcir le Droit et d'entraver son horizon, la science à travers ces démembrements, est son phare, pour préserver un droit, aux prises, avec une réalité scientifique immatérielle à double facette : utile et nuisible. Relativement à cette facette, la critique pourrait s'étendre à l'image qu'offrent les émetteurs d'ondes : une image d'innocuité totale et justifiée, qui est une difficulté majeure dans l'appréhension du péril électromagnétique par la masse populaire[40], grande utilisatrice des générateurs de radiations et grandement exposée. Personne ne peut percevoir à l'œil nu les rayonnements incriminés, qui en plus sont inodores et indolores, même quand ils traversent l'organisme. Ce n'est là, qu'apparence. Les RNI seraient de véritables « tueurs silencieux » et les études

---

UAC/FADESP/Chaire Unesco des droits de la personne et de la démocratie, 1er mars 2011, p. 16.

38 Cf. Vocabulaire du décret de 2015, en particulier toutes ses annexes.

39 M. KAMTO, Op. cit., p. 17.

40 Bien au contraire, la plupart des gens par le phénomène de mode, aiment à s'entourer des sources d'ondes, en toute insouciance et ignorance : téléphones, ordinateurs, postes téléviseurs, Wi-Fi, climatiseurs… Comme quoi : « Le droit de l'environnement sert une société qui ne remet en cause ni la place de la technique, ni la croissance, ni les rapports traditionnels de l'homme avec son milieu, ni rien… », J. ALFRED, « L'écologie et le droit », la gueule ouverte, 7 mai 1973 cité par P. DONOUMASSOU, Op. cit., p. 4.

foisonnent, qui démontrent leur nuisance[41]. Un personnage averti du domaine, parle de ces ondes qui tuent, dans l'intitulé oxymoronique de son ouvrage consacré à la problématique des ondes[42]. Compte tenu de cela et des risques liés à un droit inefficace, traiter de l'efficacité du dispositif juridique participe à la réalisation de la mission qui lui est assignée : la protection des personnes contre les effets des champs électromagnétiques.

Il faut noter que nos recherches ne nous ont pas permis de découvrir des travaux[43] déjà menés sur le sujet, ni en droit ni même en sciences[44] – pour ce qui est des effets attachés aux rayonnements électromagnétiques –. C'est dire non seulement la virginité de ce champ de recherche, notre ambition d'y poser le premier pas, en explorant prioritairement ses aspects juridiques, au sein desquels l'effectivité des règles établies au bénéfice des personnes est inévitable ; étant entendu que l'efficacité, ne se juge véritablement qu'au travers de la pratique et que l'existence d'un droit n'en garantit pas à elle seule l'application[45].

Le fait que l'exposition des personnes et ses implications, ne soient pas à l'ordre du jour des politiques, plus grave encore, des

---

41 B. SAINT GIRONS, « Histoires d'ondes : l'électromagnétisme », « www.lemieuxetre.ch », consulté le 21/12/2018 ; PRIARTEM, « http://www.priartem.fr/Ondes-et-tumeurs-Des-preuves.html », idem. V. aussi proposition de loi de Madame Laurence Abeille relative à l'application du principe de précaution défini par la Charte de l'environnement aux risques résultant des ondes électromagnétiques, citée par E. VERDEUN, Op. cit., Annexe 2.

42 J-P. LENTIN, Ces ondes qui tuent, ces ondes qui soignent, 2è éd., Paris, Albin Michel, Coll. « Espaces libres », 2004.

43 Travaux au sens de monographies en milieux universitaires béninois : articles, mémoires, thèses etc.

44 Sauf une thèse de doctorat en cours de rédaction au LETIA (Laboratoire d'Electrotechnique, de Télécommunication et Informatique Appliquée) de l'Ecole Polytechnique d'Abomey-Calavi, par R. ADEGBOLA et intitulée : Evaluation et réduction des émissions électromagnétiques des ordinateurs en milieu de travail.

45 Madame DONOUMASSOU a fait déjà le constat de l'ineffectivité du droit de l'environnement au Bénin. P. DONOUMASSOU, Op. cit., p. 6.

recherches, est une manière difficilement efficace, d'assurer la protection des personnes face à l'invisible ; et cela n'efface pas la réalité de l'exposition, fruit de la forte implémentation déjà, des produits de la science[46]. Sans exagérer, nul n'est à l'abri de l'exposition. Pour faire " de la sociologie ", quand on interroge les relations humaines avec les TIC, pour ensuite en dégager les effets qui pourraient en résulter, force est de remarquer, qu'elles sont étroites : presque tous les sujets de droit béninois sont porteurs d'un appareil portable et la plupart, sont plus avec leurs portables qu'avec n'importe quelle autre technologie ou personne humaine, donc en contact permanent avec les ondes : réalité qui contraste avec l'absence de travaux.

L'objectif poursuivi à travers le présent thème est de mettre à nu des faiblesses importantes du système juridique de protection face à la « pollution électromagnétique »[47] et de contribuer à son renforcement. Par là, la protection des individus va se trouver améliorée.

La réponse au problème posé, celui de l'efficacité du droit protecteur, va permettre de passer au crible la réglementation en son contenu, son effectivité et particulièrement son efficacité. Cette efficacité sera appréciée par rapport aux téléphones portables et aux antennes de la téléphonie mobile. Un choix non anodin.

Les deux constituent des foyers d'ondes critiques[48], avec la particularité pour les cellulaires, qualifiés d' « émetteurs proches»,

---

[46] En matière de communication sans fil, la télédensité (elle permet de connaître le nombre de personnes utilisant un téléphone sur un groupe de 100) d'environ 100 pourcent équivaut à une élévation filgurante du nombre d'antennes relais et d'utilisateurs de téléphones. Magazine d'informations de l'ARCEP-BENIN/ N° 001, p. 16.

[47] Terme inventé par le Docteur Jean-Pierre Maschi en 1965 lorsque l'opinion ne s'intéressait pas encore sérieusement aux soins par les plantes et ne voyait que progrès dans la technique.

[48] V. Annexe 2 pour représentations d'émissions d'ondes de téléphones portables (en cours d'appel et de manipulation) et d'antennes relais.

d'être localisés très près du corps, en l'occurrence avec la tête de l'usager (quelques millimètres de l'oreille, donc à proximité immédiate du cerveau). Ainsi la puissance absorbée par notre organisme au cours d'une communication est largement plus conséquente que celle due à une antenne relais, même la plus puissante. Quant aux relais, qualifiés d'« émetteurs lointains », ils transmettent leurs rayonnements continuellement. Emettant les ondes les plus utilisées à cette ère de l'information, ces sources en plein essor, suscitent plus d'inquiétude et font logiquement, en raison de leurs caractéristiques, la une de la littérature scientifique. Madame VERDEUN a vu juste à cet égard : « Ce sujet fait l'objet d'une actualité permanente tant du point de vue scientifique que du point de vue politique.[49] »

En raison de ce que en scrutant les mécanismes de régulation, ils laissent apparaître peu de marge à l'efficacité du droit protecteur, et ne sont pas à jour de l'évolution des connaissances sur les effets des rayonnements électromagnétiques, la première partie de ce travail, va consister à démontrer que ledit droit n'est pas suffisamment protecteur : un droit insuffisamment protecteur. La seconde partie, va s'appesantir sur la nécessité de perfectionner ce droit : un droit nécessitant renforcement.

[49] E. VERDEUN, Op. cit., p. 73. Si la réalité de cette actualité au Bénin est pourtant discutable, eu égard à l'absence de productions scientifiques sur l'exposition des personnes aux ondes, l'exposition en elle-même, est plus que d'actualité, considérant le développement que connaissent toutes les sources d'ondes, en l'occurrence les téléphones portables que presque tous les Béninois possèdent, qu'ils soient ou non abonnés à un réseau de fourniture d'électricité.

PREMIERE PARTIE :

Un droit insuffisamment protecteur

Le dictionnaire Le Nouveau Petit Robert[50] offre une définition assez édifiante de l'adverbe « insuffisamment », qui se comprend mieux par l'adjectif duquel il dérive : « insuffisant », lui-même du latin *insufficiens.* Il correspond au caractère ou état de ce qui ne suffit pas, en termes de degré, qualité, ce qui est inférieur, diminué, faible, peu satisfaisant.

Aucun de ces sens n'est à exclure pour la démonstration du caractère insuffisamment protecteur du dispositif juridique qui régente l'exposition aux champs électromagnétiques[51] ; champs liés au fonctionnement des stations de base de téléphonie mobile et des TP (Téléphones portables) présents dans l'environnement. L'influence du cadre politique sera prise en compte.

En effet, cet état résulte tant des lois sur la protection des personnes face aux effets des irradiations (ou ondes) que des politiques de développement numérique, et se manifeste dans leur mise en œuvre.

C'est pour cela, que la présente partie, est bâtie, sur deux grandes idées. La première intitulée : une insuffisance tenant au cadre politico-juridique (chapitre 1) et la seconde : une insuffisance perceptible dans la mise en œuvre du cadre juridique (chapitre 2).

---

[50] J. REY-DEBOVE et A. REY (sous la dir.), Op. cit., p. 964.

[51] Un champ électromagnétique est la zone de propagation ou d'influence d'une onde.

CHAPITRE 1 :

Une insuffisance tenant au cadre politico-juridique

Le cadre juridique en question est fait de trois textes principaux. Du plus ancien au plus nouveau, il s'agit du décret n° 2015-490 du 07 septembre 2015 portant protection des personnes contre les effets des champs électriques, magnétiques et électromagnétiques de 0 à 300 GHz[52], de l'arrêté interministériel n° 054/MS/MDGL/MCVDD/MENC/DC/SGM/DRC/SA du 14 juillet 2016 portant conditions d'implantation des stations radioélectriques en République du Bénin et de la loi n° 2015-20 du 13 juin 2017 portant code du numérique en République du Bénin.

Force est de constater à travers l'analyse de ces dispositions et des politiques de développement numérique, qu'elles sont à la fois mal adaptées et problématiques, toutes choses qui fragilisent le droit de l'homme à l'environnement.

Suivant ce constat, les sections 1 et 2 de ce chapitre sont respectivement intitulées : un cadre politico-juridique mal adapté et, un cadre juridique problématique.

[52] GHz, lu Gigahertz.

Section 1 : Un cadre politico-juridique mal adapté

Il y a une caractéristique commune aux pays en voie de développement (PVD) : atteindre le niveau de développement des pays avancés ou tout au moins, parvenir au stade de pays émergents. L'un des moyens employés par ces pays pour y arriver, est l'effacement et à défaut, la réduction de la « fracture technologique » qui les sépare des pays du nord en un temps record.

A défaut d'avoir la compétence technologique des pays du nord, les pays économiquement les moins développés, optent la plupart, pour le « maximalisme technologique »[53]. Par définition, c'est la consommation massive par voie d'importation, des produits issus de technologies étrangères. Le Bénin n'est pas du reste.

Cette attitude qui relève du mimétisme n'est pas seulement technologique. Il est tout aussi politico-juridique, résultant à la fois du calquage des politiques technologiques des pays développés, en l'occurrence de l'Occident et, de normes construites pour sauvegarder les droits de l'homme face aux progrès de la science et de la technologie.

Le problème est que ces politiques de développement numérique favorables par nature à l'exposition des personnes aux ondes (paragraphe 1), sont encadrées par des règles de protection peu fiables (paragraphe 2).

---

[53] Expression empruntée à un auteur français : D.-C. LAMBERT, Le mimétisme technologique des tiers mondes, Paris, Economica, 1983, Avant-propos.

Paragraphe 1 : Des politiques de développement numérique favorisant l'exposition des personnes

Le Bénin n'est ni un pays producteur de téléphones portables (TP), ni d'antennes relais. Il en est importateur. Et pourtant, il nourrit des plus grandes ambitions technologiques, de nature à le mettre au même diapason que les pays avancés.

Leur mise en œuvre passe par des projets de société, qui laissent le champ libre, à la forte implantation des vecteurs d'ondes dans le milieu de vie. Si l'ambition n'est pas mauvaise, la voie empruntée pour lui donner corps semble plus à risques. Cette voie, c'est celui du « maximalisme technologique » : importation massive des produits issus de technologies étrangères. Il en découle que ces programmes de développement sont au surplus mimétiques.

Ce paragraphe va mettre en lumière simultanément, cette nature propice à l'exposition desdites politiques et leur mimétisme, à travers deux idées : des politiques de développement numérique mimétiques (A) et la faiblesse de leur contrôle (B).

A - Des politiques de développement numérique mimétiques

La loi relative à la Communication Electronique et à la Poste (CEP)[54] au Bénin, dispose que : « Toute personne a droit à la communication électronique ». Malgré cela, le constat général au début de l'an 2000 est celui des déficits d'accès et du retard du pays en matière de technologies de l'information et de la communication (TIC)[55], dans un contexte où ces dernières sont

[54] Article 82 de la loi : loi n° 2014-14 du 9 juillet 2014 relative aux communications électroniques et à la poste en République du Bénin, JORB, n° 19 bis, du 1er octobre 2014, p. 3.

[55] Stratégies et programme national du service universel des communications électroniques et de la poste couvrant la période 2016-2019, p. 11.

vues comme « un levier important de croissance économique et de réduction de la pauvreté.[56] »

Fort de ce retard, l'Etat béninois a adopté depuis les années 2000, des politiques visant à amorcer le développement à travers les TIC et contenues dans plusieurs documents. Ce sont : le Document de Politique et de Stratégie des Télécommunications des nouvelles technologies de l'information et de la communication et de la Poste (DPS)[57], le Programme d'actions du gouvernement (PAG)[58] etc.

Les visions phares de ces politiques sont de faire du Bénin à l'horizon 2021, « la plateforme des services numériques de l'Afrique de l'ouest » et à l'horizon 2025 le « quartier numérique de l'Afrique ».

Pour concrétiser ces programmes, lesdits documents prévoient le déploiement d'infrastructures de qualité, le dispositif du « Service Universel »[59] dont la mise en œuvre incombe à l'Agence Béninoise du Service Universel des Communications Electroniques et de la Poste (ABSU-CEP)[60]. Ces politiques ont conduit à l'exonération fiscale et douanière sur tous les équipements de télécommunications, informatiques et audiovisuels[61] en vue de permettre l'accès aux technologies, sans lesquelles il ne peut y avoir de progrès numérique. Il est même

---

56 Op. cit., p. 5.

57 Datant de 2008. Ce document a été adopté par le décret n° 2008-580 du 31 décembre 2008 portant le même intitulé.

58 Programmes d'actions du gouvernement (PAG) du Bénin couvrant la période 2016 à 2021.

59 L'article 1er du code du numérique le définit comme : « L'offre minimale au public sur l'ensemble du territoire national de services de communications électroniques à un prix abordable. »

60 L'ABSU-CEP a été créée par le décret n° 2013-555 du 30 décembre 2013 portant création, attributions, organisation et fonctionnement de l'Agence Béninoise du Service Universel des Communications Electroniques et de la Poste (ABSU-CEP).

61 Rapport du Secrétariat général de la convention de Bâle sur la gestion des DEEE au Bénin, 2011, p. 22.

prévu par le code du numérique la possibilité de droits de passage et de servitudes sur les propriétés privées pour faciliter l'expansion du réseau de communication radioélectrique[62], sans oublier la possibilité pour les personnes, de mettre en bail leurs habitations aux mêmes fins. Cela explique la présence des pylônes sur la toiture des maisons ou fixés à même le sol dans ces lieux de vie. Ces contrats qui ont la réputation d'être " rentables ", sont dénoncés par le Directeur Général de l'Unité de Protection de l'Environnement (UPE) ; les bailleurs qui acceptent abriter dans leurs domiciles pareilles installations, le font aussi souvent en ignorance de leurs potentiels nocifs[63]. La même ignorance guiderait des citoyens à acquérir des terres " à prix d'or ", à proximité des mêmes installations, au motif qu'elles modernisent le lieu. L'atteinte des visions à la base des projets de développement, a conduit par ailleurs à la création du Ministère en charge de la promotion des Technologies de l'information et de la communication.

A travers ces politiques, le Bénin tente légitimement non seulement de combler les attentes des citoyens béninois mais aussi d'être au même niveau de développement en matière de TIC que d'autres pays africains, qui tous, imitent l'Occident et les autres pays avancés dans les technologies. Il n'est pas loin des nations pionnières en matière de téléphonie, disposant déjà des plus modernes générations de téléphonie mobile : 2G, 3G, et 4G[64].

---

62 Article 87 et s. de la loi n° 2015-20 du 13 juin 2017 portant code du numérique en République du Bénin. Cet article (87) dispose : « Les opérateurs et les exploitants d'infrastructures alternatives bénéficient, moyennant une juste et préalable indemnisation, de droits de passage et de servitudes sur le domaine public et de de droits de passage et de servitudes sur les propriétés privées nécessaires… »

63 M. Clément KOTAN, dans le Magazine « Portail de l'Environnement », de la chaîne de télévision nationale BB24, diffusion du 25 septembre 2019 sur le thème : Les pylônes. Des ennemis pour l'environnement.

64 2G pour deuxième génération, 3G pour troisième génération, et 4G pour quatrième génération.

Faire des sciences le levier du développement économique, chercher à rattraper en un temps record, le niveau de développement des pays avancés, en important leurs inventions, c'est ni plus ni moins, ce qu'un auteur appelle le « raccourci technique »[65]. En le dénonçant, il fait remarquer que le raccourci technique est mythologique et que dans l'histoire économique, on ne découvre guère de raccourci technique[66].

Cependant, le but qui sous-tend la mise en place du « Service Universel » (SU) connaît du succès. En effet, « avec une télédensité de moins de 1 pourcent, il y a trente (30) ans, aujourd'hui le Bénin, présente une télédensité d'environ 100 pour cent »[67]. L'une des particularités du progrès technique dans les pays importateurs est sa célérité. Il s'y fait même plus rapide que dans les pays producteurs et exportateurs. Les pays du tiers-monde se contentent d'avoir le produit fini, saute les étapes intermédiaires de production qu'ils ne connaissent pas et sans avoir l'expertise – forgée par le temps et l'expérience –, de la gestion des défis pouvant résulter de l'utilisation. Ce fait accélère à coup sûr l'essor économique et assure une certaine " égalité numérique " avec les pays du nord, nonobstant, n'est-il pas plus raisonnable de ne pas prendre l'ascenseur, dans les pays où l'on

---

65 « Le rêve du raccourci technique est aujourd'hui très puissant. Les jeunes nations du tiers-monde aspirent à sauter les étapes intermédiaires, empruntées par les économies dominantes. En accédant directement aux techniques les plus avancées, des populations pauvres, encore enracinées dans un système technologique préindustriel… pourraient en une génération déraciner le sous-développement ». D.-C. LAMBERT, Op. cit., Ibid.

66 L'auteur pose la question en ces termes : « Un pays pauvre, dans un contexte culturel différent, peut-il assimiler rapidement des connaissances scientifiques et des techniques nouvelles, en généraliser les applications et finir par concurrencer les pays avancés dont les techniques ont été assimilées ? », Idem.

67 Magazine d'informations de l'ARCEP-BENIN/ N° 001, p. 16 ; 98, 44 pour cent pour la téléphonie mobile en 2016, selon l'Annuaire statistique 2016 des communications électroniques et de la poste au Bénin de l'ARCEP-BENIN, p. 5.

ne peut encore le réparer[68] ? Certainement. Autrement, au sens technique, le bon sens exige que l'adoption des technologies soit préludée ou accompagnée de la connaissance et de la maîtrise des risques. Au moment où les Etats exportateurs ont déjà pris conscience des enjeux environnementaux de leurs innovations, les importateurs à l'image du Bénin, ont commencé à en introduire sur leurs territoires en dehors de tout encadrement juridique, comme pour témoigner de la domination des besoins économiques sur les besoins environnementaux, ce qui est aux antipodes de la logique défendue par bien d'auteurs.

Pour la thèse dominante, « il faut abandonner la voie qui prône la primauté du développement au détriment de la protection de l'environnement tout en recherchant le juste milieu »[69], car estime-t-elle, si l'on devait choisir : la protection de l'environnement ou le droit à la protection de l'environnement est plus important : « le plus fondamental »[70] des droits ; en ce que les activités économiques et l'essor qu'elles visent, et tous les autres droits fondamentaux, n'ont droit de cité, que dans l'environnement et seulement dans un environnement propice.

La recherche du « juste milieu » justifie un des concepts fondateurs du droit de l'environnement : le principe du développement durable et de l'intégration de l'environnement (Principes 5 et 8 de la Déclaration de Stockholm et Principes 3 et 4 de la Déclaration de Rio). Il impose la prise en compte des préoccupations environnementales dans les programmes de développement. Bénéfique pour les générations actuelles, il assure le droit des générations futures à un environnement sain.

---

[68] Cette question est une reformulation de la pensée de LOPES : « Il ne faut pas prendre l'ascenseur dans les pays où l'on ne peut encore le réparer. » H. LOPES, Sans tam-tam, Yaoundé, Ed. Clé, 1977, p. 10.
[69] E. TCHIAKPE, Op. cit., p. 280.
[70] M. DEJEANT-PONS, « L'insertion du droit de l'homme à l'environnement dans les systèmes régionaux de protection des droits de l'homme », RUDH, Vol. 3, n° 11, 30 novembre 1991, p. 461.

Il est souhaitable qu'il soit effectivement observé dans les plans de développement technologique.

La communication par voie téléphonique passant par les antennes relais permettant la captation du réseau, il faut voir par le bond de la télédensité – nombre de personnes utilisant un téléphone sur un total de cent –, l'accroissement de l'infrastructure nécessaire aux communications par voie électronique, notamment les stations relais et l'intensification de l'exposition des populations aux rayonnements électromagnétiques (REM).

Pour paraphraser M. BLANK, la conséquence pratique de ces politiques est un déversement illimité des champs électromagnétiques (CEM) dans un environnement qui devient alors plus propice aux semi-conducteurs qu'à la vie humaine[71] et l'amenuisement surtout, de la parcelle du droit à l'environnement. Par prévision, la loi béninoise sur les communications électroniques et de la poste (CEP) a fixé comme exigences essentielles de faire « tout ce qui est nécessaire pour garantir dans l'intérêt général la sécurité des usagers et du personnel exploitant des réseaux de communication électronique »[72]. Dans ce sens, l'ARCEP-BENIN[73] est chargée d'assurer la veille technologique par le contrôle de conformité des infrastructures déployées avec les normes et standards

---

[71] M. BLANK, Ces ondes qui nous entourent. Ce que la science dit sur les dangers des rayonnements électromagnétiques, Montréal, Éd. Écosociété, 2016, Préface.

[72] Loi n° 2014-14 du 09 juillet 2014 relative aux communications électroniques et à la poste en République du Bénin, JORB, n° 19 bis, du 1er octobre 2014, p. 3.

[73] L'Autorité de Régulation des communications électroniques et de la poste (ARCEP-BENIN) a été créée par le décret n° 2014-599 du 09 octobre 2014 portant attributions, organisation et fonctionnement de l'Autorité de Régulation des Communications Electroniques et de la Poste du Bénin. Elle prend la succession de l'Autorité transitoire de régulation des postes et télécommunications (ATRPT).

internationaux[74]. Un cadre juridique est prévu à cet effet. Il s'agit notamment du décret portant protection des personnes contre les effets des RNI (Rayonnements Non ionisants) au Bénin. En dépit de l'existence d'un pareil cadre juridico-institutionnel, il ne peut être soutenu sans réserves, l'idée de l'existence d'un véritable contrôle des risques liés aux politiques technologiques. Ce qui est préoccupant, c'est moins les programmes de développement - qui par nature augmentent l'exposition et en même temps, ont des retombées économiques -, que le contrôle de leur réalisation, lequel est au bas mot, faible.

B – Des politiques de développement faiblement contrôlées

La mise en œuvre des programmes de développement numérique, s'est faite à l'origine, en dehors de toute réglementation de nature à protéger les personnes contre les effets de l'irradiation artificielle de l'environnement. Alors que le réseau de la téléphonie sans-fil a commencé à être implanté depuis les années 1990, ce n'est qu'en 2015, que le Bénin s'est doté d'une législation d'encadrement des ondes émises par les TIC. C'est à juste titre que le décret portant protection contre les effets des radiations non ionisantes (RNI) a prévu la mise en conformité des sources d'ondes préexistantes[75].

---

[74] V. les articles 3 et 4 du décret n° 2014-599 du 09 octobre 2014 portant attributions, organisation et fonctionnement de l'Autorité de Régulation des Communications Electroniques et de la Poste du Bénin. Le premier dispose : « L'Autorité de régulation est chargée d'assurer la veille technologique ». Le second dispose : « L'Autorité de Régulation est chargée d'assurer la conformité des activités des exploitants et fournisseurs de services de communications électroniques et de la poste aux normes législatives et réglementaires en vigueur au Bénin. » Voir aussi article 191 du code du numérique pour la veille technologique.

[75] Article 20 du décret n° 2015-490 du 07 septembre 2015 portant protection des personnes contre les effets des champs électriques, magnétiques et électromagnétiques de 0 à 300 GHz. Il dispose : « Les exploitants des équipements et des installations radioélectriques mis en service avant l'entrée en vigueur du présent décret, disposent des délais ci-après pour se conformer à la présente réglementation :

Les stratégies adoptées pour concrétiser les ambitions technologiques sont de nature à favoriser l'entrée sur le marché de matériels de communication non conformes. Dans son rapport sur la gestion des déchets d'équipements électriques et électroniques (DEEE) au Bénin, le constat du Secrétariat de la convention de Bâle sur l'importation des EEE est alarmant. Cet organe révèle qu'une grande partie des EEE est frauduleusement introduite sur le territoire[76]. Cette réalité garantie-t-elle l'introduction sur le marché béninois de sources d'ondes conformes aux textes ? C'est douteux. Parce que entrés par effraction, ces équipements parmi lesquels figurent les téléphones portables échappent au contrôle de conformité[77] préalable, violant la réglementation ; le contrôle devant servir de baromètre ou tamis – pour détecter et empêcher la commercialisation de technologies impropres à l'utilisation – n'ayant pas eu lieu ou peu, il y a dès lors, de forts risques de l'utilisation de mobiles et autres émetteurs dangereux. Or, « une seule chose est pire que de vouloir s'opposer au progrès, c'est de vouloir s'y jeter tête baissée ». Un progrès insuffisamment contrôlé constitue en effet, pour des gains incertains, une grave menace pour les droits de l'homme[78]. Il faut le savoir, les répercussions environnementales des inventions sont aussi

---

- 50 pourcent des sites dans un délai de six (6) mois ;
- 100 pourcent des sites dans un délai d'un an. »

[76] Rapport du Secrétariat général de la convention de Bâle sur la gestion des DEEE au Bénin, 2011, p. 22.

[77] Contrôle prévu par l'article 3 du décret n° 2016- 445 du 27 juillet 2016 portant régime d'agrément ou d'homologation des équipements terminaux et équipements ou installations radioélectriques en République du Bénin. Il le définit comme : « L'ensemble des opérations portant essentiellement sur la vérification du respect des caractéristiques techniques, de tout équipement de communications électroniques avec les exigences techniques en vigueur en République du Bénin, en vue d'obtenir un certificat d'agrément. » V. articles 4, 5, 14, 16 du décret.

[78] M. ADEYEMAN, La protection des droits de l'homme face aux progrès de la science et de la technologie, Mémoire de Maîtrise Es-Sciences juridiques, Abomey-Calavi, FA. S. J. E. P. / U.N.B., 1992-1993, p. 93.

fonction de leur qualité[79] ; les appareils électroniques (téléphones cellulaires en premier) vendus çà et là, à tous les prix, entrés majoritairement sans contrôle à priori ni même à postériori sur le marché, inclinent à avoir un doute légitime sur leur authenticité. La science admet que les rayonnements électromagnétiques éjectés, varient d'un cellulaire à l'autre (il y en a qui émettent plus d'ondes)[80] et que la qualité des matériaux entrant dans la fabrication d'une technologie, est déterminante pour la quantité et la qualité de radiations qu'elle émet. L'impact environnemental d'un équipement radioélectrique : portables, pylônes GSM… est donc aussi une question de qualité. Pour la résoudre, le mieux pour les consommateurs des technologies de l'information et de la communication est l'accès à des « technologies vertes » : propres, moins polluantes, chose que ne favorise guère, la faiblesse des politiques de contrôle. La " mal adaptation " décriée, trouve également fondement dans la réglementation, laquelle est peu fiable.

[79] Soutint à raison, M. Edmond SOSSOUKPE, Biologiste, Aménagiste de l'environnement, enseignant-chercheur à la Faculté des sciences et techniques (FAST) de l'Université d'Abomey-Calavi, lors de l'émission « Portail de l'Environnement », de la chaîne de télévision nationale BB24, diffusion du 25 septembre 2019 sur le thème : Les pylônes. Des ennemis pour l'environnement.

[80] Mesures et précautions réglementaires de protection des populations contre les effets des rayonnements non ionisants (RNI), p. 5.

Paragraphe 2 : Des règles de protection peu fiables

Le Bénin, à l'instar de la plupart des pays du continent, est membre de l'Organisation Internationale de Normalisation (ISO) et de l'Organisation Régionale Africaine de Normalisation (ORAN)[81]. A cet effet, le contrôle sanitaire des denrées alimentaires et le contrôle ou la maîtrise de la pollution sous toutes ses formes, se font sur la base de deux catégories de normes : les normes d'émission et celles d'immixtion[82].

Les premières se préoccupent des caractères que doit comporter une source de pollution ou de nuisance donnée. C'est par exemple les normes de production qui spécifient les propriétés ou les caractéristiques de conception d'un produit ou les modes d'utilisation du produit. Elles comprennent également les normes pour les installations fixes appelées parfois normes de procédure. Ces normes interviennent dans la conception, la construction, ou l'exploitation desdites installations. Les secondes encore appelées normes de qualité de l'environnement prescrivent les niveaux de pollution ou de nuisance à ne pas dépasser dans un milieu donné. La protection des personnes contre les effets des champs électromagnétiques (CEM) relèvent au premier chef des normes dites « d'immixtion », qui ne sont rien d'autre que les restrictions de base. C'est elles qui sont au centre des débats. Afin de les présenter davantage et en tenant compte de leur place, le présent

---

[81] Selon le Secrétariat pour l'évaluation environnementale en Afrique centrale (SEEAC), la normalisation a pour objet de fournir des documents de référence élaborés de manière consensuelle par toutes les parties intéressées, portant sur des règles, des caractéristiques, des recommandations ou des exemples de bonnes pratiques, relatives à des produits, à des services, à des méthodes, à des processus ou à des organisations. Etat des lieux des normes et standards environnementaux (N.S.E) en Afrique centrale, 16ème colloque international en évaluation environnementale, Yaoundé, Cameroun, 13 novembre 2011.

[82] P. S. ADIGNINFOUN et Y. T. ISSA, Analyse critique du cadre institutionnel de la protection environnementale au Bénin, Mémoire de Maîtrise Es-Sciences juridiques, Abomey-Calavi, FADESP, UAC, 2004-2005, pp. 44-45.

paragraphe se décline ainsi qu'il suit : les normes d'immixtion (A) et leur origine (B), une origine dans laquelle prend source leur caractère peu fiable.

A – Les normes d'immixtion

Conformément au décret portant protection des personnes contre les effets des champs électromagnétiques, les règles en question sont les valeurs limites d'exposition (VLE), exprimées de deux façons : le débit d'absorption spécifique (DAS) (1) et l'intensité du champ électromagnétique (CEM) (2).

1 – Le débit d'absorption spécifique

En abrégé DAS, le débit d'absorption spécifique représente la quantité d'ondes que dégage un téléphone portable et qui est absorbée par l'organisme. Cette absorption va entraîner une élévation de la température des tissus du corps et par suite, du corps lui-même. C'est un indicateur utilisé pour quantifier le niveau de radiofréquences émises par un portable, lorsqu'il fonctionne à la puissance maximale.

Le DAS varie d'un modèle de téléphone à l'autre et plus il est élevé, plus le téléphone présente des risques pour la santé des utilisateurs[83]. C'est pourquoi il est recommandé de préférer les téléphones avec le DAS le plus bas possible.

Pour s'assurer qu'un mobile a un DAS inférieur à la réglementation sanitaire[84], il est impératif de mesurer les DAS auxquels les tissus sont exposés. La valeur du DAS ne pouvant être mesurée directement dans les tissus humains, elle est évaluée

---

[83] N. KUBAN, Les ondes électromagnétiques : innocuité ou réel danger pour la santé, Thèse de doctorat en sciences pharmaceutiques, Université de Lorraine, 2013, p. 32.

[84] A titre d'information, les valeurs du DAS fixées au tableau 4 (Annexe 2) du décret de 2015 sont de 0,4 watt par kilogramme (W/kg), pour le corps entier, 10 W/Kg pour la tête et le tronc et 20 W/Kg pour les membres ; en ce qui concerne les travailleurs. Elles sont dans le même ordre de 0, 8 W/Kg, 2 W/Kg et de 4 W/Kg pour le public.

en laboratoire, grâce à la dosimétrie (ensemble de techniques de mesure et de modélisation), sur des mannequins (appelés fantômes). On leur inocule dans la tête, un liquide, dont les propriétés d'absorption des champs électromagnétiques (espaces où se propage une onde) sont proches de celles du corps humain. Un appareil est placé dans ce liquide permettant de mesurer l'échauffement des tissus et ainsi le DAS[85].

2 – L'intensité du champ électromagnétique

Le niveau maximal des rayonnements, figure aux tableaux 8 et 9[86] du décret de 2015, pour les antennes relais de la téléphonie sans fil, classées par génération ; chaque génération constitue une version évoluée de la précédente. De la même manière, les limites d'exposition sont posées en fonction de la génération du relais. Au Bénin, il existe actuellement, le système GSM (*Global System for Mobile communications*) dit système de deuxième génération (2G), le système UMTS (*Universal Mobile Telecommunications System*) dit de troisième génération (3G) et le système LTE (*Long Term Evolution*) dit de quatrième génération (4G).

Le GSM a pour objet de transmettre de la voix et des textes courts de type SMS (Short Message Service), l'UMTS permet de nouvelles applications, en particulier un transfert rapide d'images, sons et vidéos. La LTE permet quant à elle d'accéder à des débits 50 fois supérieurs à celui de la 3G facilitant ainsi les téléchargements de fichiers volumineux et la création de nouveaux services comme la visiophonie, la télévision et la vidéo à la demande. Il existe deux types de GSM : le « GSM 900 ou 1G » de fonctionnement analogique et le « GSM 1800 ou 2G » de fonctionnement numérique.

Les seuils d'exposition du public aux champs électromagnétiques sont fixés à 41 V/m (V/m est lu volt par mètre) et 58 V/m pour les antennes appartenant à la deuxième génération de la

---

[85] N. KUBAN, Op. cit., Ibid.

[86] Situé à l'annexe 4.

téléphonie mobile et à 61 V/m pour les troisième et quatrième générations. Ces limites d'émission ont une origine qu'il faut retracer.

B – La source des normes d'immixtion

Pour décliner cette source explicative du caractère peu fiable des normes, il est utile de commencer par mettre en relief le concept de valeur limite d'exposition (VLE) (1) pour voir les motivations qui le sous-tendent. Après cela, l'accent va être mis sur la genèse des limites d'exposition en matière d'exposition aux rayonnements non ionisants (RNI) (2).

1 – Le concept de valeur limite d'exposition

Le concept est né aux États-Unis. Forgé par la Fondation pour l'hygiène industrielle. Cette institution, fondée par des industriels, proposa de recourir au concept de « valeur limite d'exposition », alors que des scientifiques indépendants et des médecins du travail dénonçaient pour la première fois la toxicité de l'amiante pour les ouvriers. L'objectif, offrir une certaine sécurité juridique pour les employeurs en définissant une dose tolérable. Ce qui fût fait.

La suite est connue[87] : des décennies après l'alerte et l'élaboration de règles protectrices, des milliers de victimes de par le monde. Un chiffre qui ne cesse de croître. Les victimes sont principalement les « travailleurs de l'amiante », mais aussi des personnes exposées de manière environnementale et souvent à leur insu. Selon l'Institut National de Recherche et de Sécurité (INRS) en France : « Les maladies liées à l'amiante représentent aujourd'hui la deuxième cause de maladies professionnelles et la première cause de décès liés au travail (hors accidents du travail). » Même respectées, les restrictions se sont révélées être du cataplasme sur une jambe de bois face à l'asbestose (fibrose

87 O. HARDY-HÉMERY, « Dangerosité, désinformation et compensation dans l'industrie de l'amiante en France. La firme Eternit, 1922-2006. », Université Charles-de-Gaule/Lille 3, 2006, pp. 25-30.

pulmonaire), aux cancers broncho-pulmonaires, de la plèvre (mésothéliome), du larynx des voies digestives et autres pathologies graves. Il a fallu interdire complètement l'utilisation de l'amiante, – alors que le danger était connu depuis près d'un siècle –, et par conséquent toute exposition à cet agent mortifère. Ainsi, la dose tolérable n'est pas une dose dépourvue de toxicité : c'est une dose qui n'engendre pas d'effets visibles et aigus à court terme[88]. Au contraire, comme soutenaient les anti-amiantes, c'est une dose de camouflage : « dose en deçà de laquelle les effets non spécifiques et dilués dans le temps deviennent impossibles à identifier comme conséquence directe (…) » de l'agent suspecté.

2 – La genèse des valeurs limites d'exposition en matière de rayonnements non ionisants

D'entrée de jeu, il faut préciser que ces valeurs seuils ne sont pas d'origine béninoise. Des valeurs limites d'exposition (VLE) des personnes aux champs électromagnétiques (CEM) ont été en effet, proposées en 1998 par la Commission internationale de protection contre les rayonnements non ionisants (CIPRNI)[89]. C'est une organisation internationale non gouvernementale reconnue par l'OMS. S'appuyant sur une étude de la littérature scientifique, la CIPRNI a établi des limites d'exposition recommandées. Chaque pays est alors libre de fixer ses propres normes relatives à l'exposition aux rayonnements non ionisants (RNI). Il est à souligner que les normes recommandées sont faites pour prévenir l'effet dit thermique des champs électromagnétiques.

On appelle effet thermique (ou encore effets biologiques), l'échauffement du corps que peuvent causer les RNI. Un effet

---

[88] CCAVES, « Les effets non-thermiques des champs électromagnétiques », « http://ccaves.org/blog/wp-content/uploads/Effets-non-thermiques-CEM-version-au-18092018.pdf », consulté le 15/11/2018.

[89] En Anglais ICNIRP : *International Commission On Non-Ionising Radiation Protection.*

biologique ne conduit pas toujours à des effets nocifs pour la santé, il peut manifester simplement la réponse adaptative normale de l'organisme. Toutefois, les mécanismes de compensation de notre corps ne sont pas sans limite[90]. Les changements radicaux mettent notre système sous pression et peuvent entraîner les effets dits athermiques ou non thermiques.

Les effets athermiques ou sanitaires, sont des effets qui mettent en danger le fonctionnement normal d'un organisme, en dépassant les capacités de réponse physiologique, à l'action de l'agent extérieur[91] (ici, les rayons émanant des inventions). Ils regroupent les affections que peut provoquer l'exposition aux rayonnements électromagnétiques (REM) en dehors de l'échauffement du corps. Ce sont des effets insidieux, puisque pouvant apparaître même dans le respect des valeurs recommandées. Cette inconsidération, est un fondement de la dysharmonie desdites normes d'un pays à l'autre.

On distingue d'une part, les pays dont les normes intègrent à la fois la prévention de l'effet thermique et des effets sanitaires liés aux ondes : leurs normes sont plus limitatives des émissions d'ondes et sont dites restricitives ; d'autre part, on a les pays dont le système juridque n'intègre que la prévention de l'effet thermque. La discordance est telle que l'OMS a mis en place un dispositif travaillant pour l'harmonisation des normes de protection à l'échelle internationale. Elle l'a fait à travers le Projet CEM ou *Projet international EMF*[92]. Il a été lancé au début des années 2000 avec 54 pays participants et 8 organisations internationales qui sont parties prenantes.

---

90 INRS, « champs électromagnétiques – Risques – INRS », s« https://www.google.com/search?q=%22Champs+%C3%A9lectromagn %C3%A9tiques%22%2C+INRS%2C+ED+4203%2C+2005.&ie=utf-8&oe=utf-8 », consulté le 07/11/2018.

91 INRS, Loc. cit., consulté le 07/11/2018.

92 OMS, « Projet international CEM », « https://www.who.int/peh-emf/project/fr/ », consulté le 09/11/2018.

La loi béninoise sur les valeurs limites d'émission (VLE) est restée muette sur sa source scientifique, se contentant de citer comme références, d'autres textes de loi[93]. Y figurent juste des tableaux indiquant en données chiffrées lesdites limites[94]. Nonobstant, la comparaison des VLE fait transparaître que les " normes béninoises " ressemblent à l'identique aux normes françaises[95] et au-delà, aux recommandations de la CIPRNI, reproduite par l'Union européenne (UE). Le Bénin fait donc partie des pays ayant transposé les très contestées recommandations et par ce fait, a adopté des restrictions de base moins protectrices. Ainsi, peut-on soutenir, qu'actuellement, il n'existe pas de règlementation spécifique béninoise, limitant l'exposition aux champs électromagnétiques.

Au vu des paramètres de construction des valeurs limites d'exposition (VLE), des résulats de recherches récentes à développer plus loin et de décisons de justice rendues dans d'autres systèmes juridiques, la décision de la Cour constitutionnelle (DCC) à la suite des plaintes du riverain d'une antenne relais, soulève des commentaires[96]. Cette juridiction, constitutionnellement investit de la charge de garantir les droits fondamentaux de la personne humaine, a déduit du seul respect du droit spécial, conçu pour protéger le droit à un environnement

---

93 Loi n° 98-004 du 27 janvier 1998 portant code du travail en République du Bénin, JORB, n° 7, du 1er avril 1998, p. 263. Loi n° 98-019 du 12 février 1999 portant loi cadre sur l'environnement en République du Bénin, JORB, n° 9, du 1er mai 1999, p. 352. Loi n° 2007-21 du 16 octobre 2007 portant protection du consommateur en République du Bénin, JORB, n° 03, du 1er février 2008, p. 116 etc.

94 V. tableau 8 de l'annexe 4 du décret fixant les valeurs limites d'exposition (VLE).

95 Décret n° 2002-775 du 5 mai 2002 relatif aux valeurs limites d'exposition du public aux champs électromagnétiques émis par les équipements utilisés dans les réseaux de télécommunication ou par les installations radioélectriques en France, JORF, n° 105, du 5 mai 2002.

96 Cour constitutionnelle, DCC 17-205 du 19 octobre 2017, « http://cour-constitutionnelle-benin.org/doss_decisions/DCC%2017-205.pdf », consulté le 07/11/2018.

sain en matière d'exposition aux ondes, qu'il y a respect du droit de l'homme à l'environnement. Par cette décision, elle a semblé faire des règles sur l'exposition des règles acquises, alors même que d'un point de vue institutionnel et juridictionnel, on peut sans exagérer parler de " la crise de leur efficacité ". C'est sous l'empire de ces règles (VLE) que l'OMS et des Etats (France, Suède et autres) ont reconnu l'hypersensibilité électromagnétique, affection dont s'est plaint le requérant. En témoignent, des décisions de justice étrangères ayant conduit à des démantèlements d'antennes, accordant des réparations sous ces règles, comme pour remettre en cause leur efficacité. On peut évoquer ici deux décisions de justice en date de 2018 et de 2019, ayant reconnu un lien de cause à effet entre environnements électromagnétiques professionnels, respectueux des limites d'exposition et l'hypersensibilité électromagnétique que des travailleurs y ont développé[97]. Il en résulte un risque d'inefficacité de la réponse de la Cour dans les faits et d'échec à jouer efficacement le rôle de garant des droits fondamentaux de l'homme face aux déterminants sociaux de la santé (DSS) que constituent les sources d'ondes électromagnétiques.

Encore appelée syndrome d'intolérance aux champs électromagnétiques, l'hypersensibilité électromagnétique (HSEM) est caractérisée par des troubles dermatologiques (rougeurs, picotements, sensations de brûlures...), neurasthéniques (fatigue, difficulté de concentration...) et neurovégétatifs (vertiges, palpitations cardiaques...). Ces symptômes qualifiés de « non spécifiques » apparaissent chez les

[97] TASS (Tribunal des affaires de sécurité sociale) des Yvelines du 27 septembre 2018, n° 15-00718/V et Tribunal administratif de Cergy-Pontoise du 17 janvier 2019, n° 1608265, accessibles sur « https://www.ellipse-avocats.com » et « http://cergy-pontoise.tribunal-administrtif.fr/A-savoir/Communiques/Jugement-signale-Jugement-du-17-janvier-2019-n-1608265-M-F », consultés le 07/09/2019.

personnes qui en souffrent à des niveaux d'exposition bien inférieurs à ceux connus pour provoquer des effets toxiques[98].

Sans doute, l'attitude ayant consisté à tenir compte des effets athermiques ou sanitaires dans la fixation des restrictions de base est la plus précautionneuse. La tendance consistant à copier tout simplement des règles de protection sans attaches locales, c'est-à-dire ne tenant pas compte des spécificités locales : contraintes environnementales, de travaux de recherche endogènes, les habitudes d'usage des TIC, est risquée[99] ; même si le mimétisme apparaît comme une méthode de construction du droit[100]. A ce sujet, le Professeur GBAGUIDI prévenait : « La réception du droit d'un autre offre le confort du minimaliste, mais enferme dans un mimétisme souvent incongru, parce que l'esprit et les solutions empruntées ne conviennent pas nécessairement au contexte du récepteur [...].[101] » Transposer en l'état un droit, comporte donc un réel risque d'inadéquation, susceptible de participer de son ineffectivité, de son inefficacité, dans l'écosystème juridique « récepteur ». Plus concrètement, le régime juridique en cours, est l'objet de vives critiques, en considération de son contenu, lequel renferme des problèmes variés.

---

98 C. BARNIG et F. de BLAY, « Physiopathologie du syndrome d'hypersensibilité chimique multiple », Paris, Revue des Maladies Respiratoires, 2013, pp. 446-450.

99 Pour D.-C. LAMBERT, « L'incertitude sur les effets du progrès technique impose dans le monde en développement une observation plus attentive des particularités nationales ». D.-C. LAMBERT, Op. cit., p. 14.

100 M. DELMAS-MARTY, « La mondialisation du droit : chances et risques », Rec. Dalloz, n° 5, février 1999, p. 43 et s.

101 N. GBAGUIDI, « L'émergence d'un droit international privé de la famille en Afrique Noire francophone : Cas du Bénin et du Burkina-Faso », R.B.S.J.A., n° 26, 2011, p. 8.

Section 2 : Un cadre juridique problématique

Le droit positif en matière de protection contre les effets des rayonnements non ionisants (RNI) est composé : du décret n° 2015 portant protection des personnes contre les effets des champs électriques, magnétiques et électromagnétiques de 0 à 300 GHz (GHz, lu Gigahertz), de l'arrêté interministériel du 14 juillet 2016 portant conditions d'implantation des stations radioélectriques en République du Bénin, du décret n° 2016-445 du 27 juillet 2016 portant régime d'agrément ou d'homologation des équipements terminaux et équipements ou installations radioélectriques en République du Bénin, de la loi n° 2015-20 du 13 juin 2017 portant code du numérique en République du Bénin, etc.

A l'analyse, les règles qu'il comporte présente un double caractère : contestable et contesté. Du premier caractère, relèvent des dispositions accordant une prérogative arbitrairement exclusive, dans la fixation des valeurs limites d'émission (VLE), eu égard au but à l'origine de ces dernières ; des dispositions octroyant une très faible protection et contrariant l'égalité. Du second caractère, qui se dégage des critiques effectives des textes par les hommes de sciences, relèvent les dispositions porteuses des VLE. Les deux aspects vont être présentés sous les intitulés ci-après : des dispositions contestables (paragraphe 1), des dispositions contestées (paragraphe 2).

Paragraphe 1 : Des dispositions contestables

Ce caractère va être décliné en deux mouvements, fondés sur les règles de compétence et le contenu de la loi. Ces deux mouvements sont organisés ainsi qu'il suit : la contestabilité liée aux règles de compétence (A), la contestabilité liée au contenu de la loi (B).

A – La contestabilité liée aux règles de compétence

Les dispositions contestables découlent de l'article 30 alinéa 3 de la loi n° 2015-20 du 13 juin 2017 portant code du numérique en République du Bénin. Aux termes de cette disposition : « Un décret pris en Conseil des ministres sur proposition du Ministre chargé des communications électroniques fixe les valeurs limites d'exposition aux champs électriques, magnétiques et électromagnétiques. »

Le législateur béninois attribue ainsi l'exclusivité de la prérogative de fixer les valeurs limites d'exposition (VLE) au Ministère chargé des TIC. Ce texte pose problèmes. Il se trouve que les limites d'exposition sont fixées dans le souci de protéger l'environnement et la santé. Or, le domaine de compétences du Ministère chargé des TIC[102] ne couvre pas ces deux aspects. Bien au contraire, ce département ministériel est censé œuvrer pour l'essor numérique, ce qui à première vue, est incompatible avec la limitation du niveau des émissions électromagnétiques.

Comme pour approuver la remise en cause de la prérogative sans partage, le portail français '' *Radiofréquences santé-environnement* '', appelé à mettre à disposition du public, des informations fiables sur les fréquences radio en matière de connaissances sur les effets sanitaires, sur les niveaux d'exposition, sur les modalités de contrôle et sur la réglementation applicable, est interministériel :

[102] Décret n° 2016-420 du 20 juillet 2016 portant création, attributions et fonctionnement du Ministère de l'Economie Numérique et de la Communication au Bénin.

porté concomitamment par les ministères de la santé, du travail et de l'environnement. Le Conseil de l'Europe qui recommande la conception de campagnes d'information ciblées destinées aux enseignants, aux parents et aux enfants pour les mettre en garde contre les risques spécifiques d'une utilisation précoce, inconsidérée et prolongée des téléphones portables et autres appareils, fait fort opportunément du triptyque : ministères de l'éducation, de l'environnement et de la santé, le concepteur desdites campagnes[103]. La critique s'étend au contenu de la loi.

B – La contestabilité liée au contenu de la loi

Le caractère contestable en question concerne des dispositions du décret de 2015 et de l'arrêté de 2016. Les unes accordent une protection assez réduite par rapport au temps passé dans les zones dites sensibles et les autres, une protection injustement inégalitaire. Il s'ensuit deux points essentiels : l'instauration d'une protection faible (1) et la présence de discrimination dans la protection (2).

1 – L'instauration d'une protection faible

Selon l'article 8 de l'arrêté de 2016, les lobes principaux : parties plus émettrices de rayonnements sur les antennes, ne peuvent en aucun cas, être orientés vers certaines structures indiquées (établissements scolaires, crèches, établissements hospitaliers...), lorsqu'elles se situent à une distance inférieure à cent mètres des sites abritant les relais GSM. Un effort d'identification, permet de se rendre compte que lesdites structures accueillent des personnes dites sensibles ou fragiles. Pour les citer, ce sont : les personnes âgées, les enfants ou mineurs que l'article 2 de la loi n° 2015-08 du 23 janvier 2015 portant code de l'enfant définit comme les êtres humains de moins de dix-huit (18) ans d'âge. Sans conteste, dans le lot il y a les femmes enceintes, les nourrices

---

[103] PRIARTEM, « Lettre de Priartem 27 », « https://www.google.com/search?client=firefox-b-d&q=Lettre+n%C2%B027+de+Priartem », consulté le 15/02/2019.

et les malades. Le périmètre que la loi impose pour leur protection, même s'il était observé demeure insuffisamment protecteur.

A défaut d'être orientés vers les structures si elles sont à moins de cent (100) mètres, les lobes principaux le sont quand même vers les maisons environnantes, qui peuvent être le lieu de résidence permanent des mêmes personnes retrouvées dans les garderies et jardins d'enfants... (qui constituent les structures). Le cas échéant, ces personnes dites sensibles, fréquentant les écoles, crèches, hôpitaux..., s'ils y sont tenus à une certaine distance par rapport aux lobes principaux des relais GSM, il n'en demeure pas moins que s'il s'agissait d'une école par exemple, les apprenants y passent moins de temps qu'à la maison : sept heures (07) de temps à l'école au plus au quotidien, le restant étant passé à la maison, soit dix-sept heures (17) avec deux jours de week-end, soit au total environ soixante-cinq (65) heures à domicile (d'exposition) contre environ trente-cinq (35) heures à l'école pour une semaine ; sans oublier que pour les établissements scolaires, pendant les temps de vacances les apprenants pourraient passer le plus clair de leur temps à domicile.

Il apparaît que face à la durée de l'exposition dans les structures visées par la loi et à domicile, le respect éventuel du périmètre de cent (100) mètres n'assure qu'une " infime protection ". En réalité, il y a le risque que les personnes accueillies dans les structures bénéficiaires de la distance de sécurité, particulièrement les enfants et les femmes enceintes, se retrouvent du fait de la situation géographique de leurs domiciles, tout près des lobes principaux des relais et pour des temps d'exposition beaucoup plus long ; toutes choses qui ne protègent pas leur fragilité ni leur vulnérabilité scientifiquement établies face à l'exposition aux rayonnements électromagnétiques (REM).

Martine Hours, coordinatrice scientifique de MOBI-KIDS[104] estime que : « Les champs électromagnétiques pénètrent davantage et impactent une plus grande surface cérébrale. S'il y avait un risque, les effets apparaîtraient donc d'autant plus rapidement chez un enfant. » Cette assertion s'explique et a été mise en évidence : « L'os du crâne des enfants est plus mince et offre moins de protection aux neurones du cerveau contre des forces extérieures que ce n'est le cas chez les adultes. Ils grandissent sans arrêt à un rythme accéléré, ce qui signifie qu'il se produit chez eux un rythme beaucoup plus rapide de divisions cellulaires. Par conséquent, l'ADN des enfants est plus vulnérable. Pour empirer encore les choses, des recherches ont montré qu'un cerveau enfant absorbe cinquante pourcent de rayonnements, plus qu'un adulte...[105] » D'après le Comité russe de radioprotection : « Dans un futur proche, les enfants utilisateurs de téléphone mobile seront vraisemblablement confrontés aux risques pour la santé suivants : perturbation de la mémoire, baisse de l'attention, diminution de l'apprentissage et des capacités cognitives, augmentation de l'irritabilité, problèmes de sommeil, accentuation de la sensibilité au stress, accroissement de prédispositions épileptiques. Risques sanitaires à venir (possibles) attendus : tumeurs au cerveau, tumeurs des nerfs acoustiques (vers l'âge de 25-30 ans), maladie d'Alzheimer, démence, syndrome dépressif, et autre types de dégénérescence des structures du cerveau (vers 50 à 60 ans).[106] »

La prédisposition des jeunes enfants aux risques, est soutenue par des institutions. C'est le cas de l'Agence française de sécurité sanitaire de l'alimentation, de l'environnement et du travail en

[104] MOBI-KIDS est un programme d'étude d'ampleur lancé en 2009 et toujours en cours de réalisation par l'Union européenne (UE) sur les effets des radiofréquences sur les enfants.
[105] BLANK, Op. cit., p. 235 ; C. GOUHIER et al., Survivre au téléphone mobile et aux réseaux sans fil, Paris, Courrier du Livre, 2009, p. 158.
[106] C. GOUHIER et al., op. cit., pp. 158-169.

2013 et 2016[107], de l'Académie américaine de pédiatrie, l'Association Nationale pour la sûreté des technologies utilisées par les enfants (NACST) aux États-Unis, des Ministères français et britannique de la santé respectivement en 2008 et 2000. L'OMS a reconnu lors du Troisième appel de Paris (tenu du 12 au 13 avril 2011 sur les pollutions environnementales) par la voix de sa présidente déléguée aux pathologies environnementales que « les champs électromagnétiques frappent en priorité les jeunes enfants (leucémie, cancer du cerveau...) ainsi que les femmes essentiellement au niveau du tissu mammaire : cancer du sein »[108]. A bonnes enseignes, de nombreuses autres institutions (bibliothèques, écoles, universités…) ont restreint ou interdit le réseau sans fil (cas du Wi-Fi) dans leur sphère ou environnement au profit du réseau filaire[109]. Bien évidemment, dans nos pays, l'installation du Wireless Fidelity (Wi-Fi) est plutôt réclamée partout, un peu comme les climatiseurs – générateurs d'ondes aussi – dans les administrations, qui déjà, en sont comme peintes. De ce fait, il n'est pas rare de se retrouver involontairement dans un environnement radioélectrique et de faire ainsi, l'objet d'une exposition passive, tout comme dans le cas du tabagisme, où on parle de tabagisme passif. Pour réduire les expositions subies, certaines législations vont jusqu'à interdire la publicité de vente de téléphones sans fil à destination des enfants et interdit leur usage dans les écoles maternelles[110], s'alignant sur ce que suggérait le parlement européen : interdire tous les téléphones

---

107 ANSES, Rapport d'expertise collective « Exposition aux radiofréquences et santé des enfants », 2016, p. 15.

108 C. BORDES, « Champs électro magnétiques et santé. La vérité et les études à ce jour. Comment se protéger, comment prévenir ? », « https://www.alti-sante.com/wp-content/uploads/sites/1678/2017/02/approche-sanitaire-livre-christian-bordes-specialiste-ondes-electromagnetiques.pdf », consulté le 15/03/2019.

109 V. CCAVES, Loc. cit., consulté le 15/11/2018.

110 Loi n° 2010-788 du 12 juillet 2010 portant engagement national pour l'environnement, JORF, n° 0160, du 13 juillet 2010.

portables et systèmes Wi-Fi dans les salles de classe et les écoles[111].

Dans son livre sur les dangers que pouvaient présenter les rayonnements des terminaux à écran de visualisation (T.E.V.) pour les yeux, le Docteur Helen Feelay se fait claire : « Tout rayonnement d'énergie est suffisant pour modifier le cristallin, produire la chaleur, rendre le globe opaque. L'effet n'est pas immédiat mais peut apparaître longtemps après. Plus la personne est jeune, plus elle est sensible au rayonnement.[112] » La disposition en question dans cette sous-partie ne prévoit aucune mesure de protection au bénéfice des riverains des antennes situées dans le rayon de sécurité.

2 – La présence de discrimination dans la protection

Selon le Lexique des termes juridiques, la discrimination, c'est l'absence d'égalité fondée sur un motif illégitime[113]. Ce caractère concerne le décret de 2015 et l'arrêté de 2016.

Le décret de 2015 contient une série de dispositions qui octroie une différence de traitement illégitime, pour des personnes se trouvant dans la même situation d'exposition. Son article 14 a indiqué des mesures de précaution afin de réduire l'exposition des personnes qui du fait de l'exercice de leur profession sont exposées aux champs électromagnétiques. Ces mesures basées sur les principes généraux de prévention en milieu de travail sont : la réduction à la source, la réduction de la durée de l'exposition, la substitution, la mise à disposition obligatoire d'Equipements de protection individuels (EPI) spécifiques etc.

Les sujets de droit soumis à l'exposition à cause de leurs activités pourraient être les maintenanciers des antennes relais, les agents

---

111 PRIARTEM, Loc. cit., Ibid.

112 H. FEELAY, Travailler devant un écran. Soin des yeux, éclairage, posture confort, Montréal, Les Ed. de l'homme, 1985, p. 16.

113 S. GUINCHARD et T. DEBARD, Lexique des termes juridiques, 19è éd., Paris, Dalloz, 2012, pp. 311-312.

de sécurité sur les sites… Géographiquement, les riverains les plus immédiats de ces antennes sont dans une situation d'exposition identique que ces employés. Pour n'avoir pas prévu des mesures de protection similaires, pour ces personnes qui " cohabitent avec les relais GSM ", le décret de 2015 crée une inégalité qui ne se justifie pas.

L'article 15 du même texte, dispose que : « L'employeur assure l'information et la formation de son personnel exposé […]. A cet effet, il établit un programme de formation continue sur les risques sanitaires éventuels et/ou potentiels des champs électromagnétiques et les mesures de protection disponibles et nécessaires pour réduire leur exposition conformément à l'évolution des connaissances scientifiques en la matière et aux résultats de l'autocontrôle. » Ces mesures spécifiques ont le mérite de concrétiser le droit d'accès à l'information, s'agissant de l'exposition environnementale aux rayonnements électromagnétiques. Sauf que, sans extension aux riverains des installations de la téléphonie sans fil, elles sont inégalitaires.

Aux termes des dispositions de l'article 17, les travilleurs exposés bénéficient d'une surveillance médicale. La loi est restée silencieuse sur la situation des riverains les plus proches des stations relais. Ces exposés sont presque dans la même situation d'exposition que les travailleurs et peut-être plus sujets à l'exposition du fait de la localisation de leurs domiciles. La différence de traitement n'est pas respectueuse de l'identité des situations d'exposition.

Enfin, l'article 8 de l'arrêté de 2016 interdit que les lobes principaux des antennes relais fassent face à des structures données lorsque ces dernières sont situées dans un rayon de cent (100) mètres. C'est entre autres les établissements scolaires, les crèches, garderies et jardins d'enfants, les établissements hospitaliers, les parcours de santé et jardins publics.

Le périmètre de sécurité de cent (100) mètres n'est pas pris en compte lorsqu'il n'y a pas les structures de l'ordre de celles prévues par la loi. La réalité, c'est qu'en lieu et place desdites structures, il y a bien souvent des habitations, abritant des enfants, des femmes enceintes, des nourrices : la même catégorie de personnes que le législateur du décret de 2015 entend protéger dans les établissements scolaires, les crèches, garderies et jardins d'enfants, les établissements hospitaliers, les parcours de santé et jardins publics. Pour des individus alors géographiquement dans la même situation, la loi n'a pas prévu les mêmes mesures de protection. Les mesures juridiques de protection ne sont pas que contestables. Elles sont effectivement contestées.

Paragraphe 2 : Des dispositions contestées

Les dispositions contestées sont en fait, les normes de protection traduites dans les valeurs limites d'exposition (VLE), qu'il s'agisse du débit d'absorption spécifique (DAS) pour les portables ou de l'intensité du champ électromagnétique (CEM) pour les antennes relais. La critique provient de la communauté scientifique, dans sa frange dite « indépendante » et d'associations de défense des consommateurs[114]. Cette remise en cause tire sa raison d'être de deux principaux argumentaires liés à l'institution d'établissement des normes et aux critères de fixation desdites normes. On va alors aborder en deux points ces critiques dans les termes suivants : une contestation liée à l'institution d'établissement des normes (A) et à leurs critères de fixation (B).

A - Une contestation liée à l'institution d'établissement des normes

Un tel intitulé, oblige à identifier l'institution d'établissement des normes. Il s'agit de la Commission internationale de protection des personnes contre les rayonnements non ionisants (CIPRNI), une organisation privée reconnue par l'OMS. Les critiques concernent la Commission elle-même et le lien de ses membres avec les milieux industriels.

Pour ce qui concerne la CIPRNI (ICNIRP en anglais : *International Commission On Non-Ionising Radiation Protection*), on lui reproche ses origines. Elle est en effet, une émanation de l'Association internationale de radioprotection (IRPA). Une association qui reçoit des financements de l'armée américaine. D'après un rapport de cette armée : « Si les nations occidentales étaient plus strictes sur les normes d'exposition (…) cela aurait des effets défavorables pour l'industrie et le fonctionnement militaire (…), limiter l'utilisation des nouvelles technologies

---

114 Cas de PRIARTEM (Pour Rassembler, Informer et Agir sur les Risques liés aux Technologies ElectroMagnétiques), une association française, du groupe de scientifiques international : BioInitiative…

électroniques en rendant l'exploitation commerciale de certains produits peu attractive à cause de l'augmentation de leur coût.[115] »

S'agissant des membres de la CIPRNI, beaucoup auraient des liens directs ou indirects avec les industriels ce qui met en doute l'indépendance devant les caractériser. Un des anciens Présidents de cet organisme, pendant son exercice fut en même temps un expert de l'industrie électrique[116]. Un autre membre, expert de l'organisation, est au conseil d'administration d'une firme de lobbyisme militant contre toute idée de modification des normes[117]. Il est exclu du groupe d'experts, trois jours avant la décision de classement en cancérigènes potentielles des fréquences radio par le CIRC. Nancy de Méritiens, auteur du documentaire « Ondes, sciences et manigances » décrit l'ICNIRP comme une « association créée par des scientifiques issus du nucléaire pour proposer des normes en matière d'ondes électromagnétiques. A l'origine, il y découvre des scientifiques qui travaillaient pour de grandes sociétés du secteur de la téléphonie mobile et pour l'armée ». Au sein du conseil scientifique de l'institution, du côté des scientifiques occidentaux, on remarque des noms de chercheurs dont les laboratoires sont financés par des sociétés du sans-fil. Le même document apprend qu'un autre chercheur, lui aussi présent au conseil scientifique de l'ICNIRP, travaille pour deux sociétés, spécialisées dans le déploiement des réseaux mobiles.

---

115 Rapport « Defense Intelligence Agency » cité par : J. HECHES, Ondes, sciences et manigances, « https://www.youtube.com/watch?v=8qD2kmuNYY4 », consulté le 20/01/2019.

116 Microwave News [Magazine scientifique qui décrit les impacts sur la santé et l'environnement des sources d'ondes], « *A Report on Non-Ionizing Radiation* », « http://microwavenews.com/news/time-stop-who-charade », consulté le 08/04/2019.

117 R. FORGET, Portables et antennes, mauvaises ondes, Paris, Sang de la Terre, 2010, p. 41.

Lors du Troisième appel de Paris sur les pollutions environnementales[118], la présidente de l'OMS déléguée aux pathologies environnementales a reconnu que « les soi-disant « experts » chargés de la prise en compte des risques ne sont pas indépendants et très souvent à la solde des lobbys ! ». Tous ces scientifiques en lien avec les multinationales soutiennent l'innocuité des ondes radio. Difficile dans ces conditions de faire des normes contraignantes pour les sociétés multinationales. Maître Olivier CACHARD rapporte même que les déclarations d'indépendance tardives des membres de la Commission sont parfois imparfaitement renseignées sur leur situation réelle. Ces faits tout comme les critères sur lesquels reposent les normes ne sont pas de nature à susciter la confiance dans le caractère protecteur desdites normes. Normes dont les critères sont jugés scientifiquement infondés.

B – Une contestation liée aux critères d'établissement des normes

Ces critères, selon les critiques manquent de pertinence et souffrent de vétusté. Tout d'abord, les limites d'exposition aux radiofréquences recommandées par la Commission sont fondées sur la prise en compte des effets à court terme : effet thermique[119] et courant induit. Ce dernier est l'électricité ou la charge électrique reçue par l'organisme et tout objet conducteur de courant électrique (qui permet le passage du courant électrique), lorsqu'il est dans un milieu où il y a des ondes. Ainsi, les individus, reçoivent-ils certaine décharge électrique toutes les fois qu'ils sont dans un espace où il y a des ondes. Si le courant induit est supérieur à celui qui traverse les nerfs et les muscles de

---

118 Colloque tenu du 12 au 13 avril 2011 et ayant mobilisé entre autres les quarante meilleurs spécialistes mondiaux sur le sujet des pollutions environnementales. Elle fut organisée par l'UNESCO et l'AEE sous l'égide de l'OMS.

119 Ces seuils seraient destinés précisément à prévenir les effets thermiques des micro-ondes (onde des téléphones portables) pour des expositions de 6 minutes mais ont été utilisées comme référence pour des expositions de 24h/24h. CCAVES, Loc. cit., consulté le 15/11/2018.

façon naturelle, il va être capable de faire produire au corps une réaction physique par exemple : une secousse de tout ou partie du corps, une accélération du rythme du battement cardiaque… Grâce aux limitations dans l'émission des rayons non ionisants (RNI), ces deux répercussions bien connues de la communauté scientifique sont évitées ; en tout cas, pas de courant induit ni d'effet thermique dépassant la dose tolérable pour le corps. C'est donc pour prévenir ces seuls effets (l'échauffement du corps et la production d'électricité au-delà de la capacité d'adaptation de l'organisme) que ces normes ont été fixées. Leur " efficacité " qui n'est pas due à toute absence des effets présentés – puisque ces effets surviennent mais juste à des seuils tolérables pour l'organisme – peut s'expliquer par la faible puissance des émetteurs de radiations dans l'environnement général. Or, il apparaît de plus en plus que même à ces faibles puissances de l'environnement, il y a toute une série d'effets indésirables que les gens ressentent. Les gens qui se trouvent sous une ligne à haute tension ou face à une antenne relais vont se plaindre de migraine, insomnie, de choses plus graves[120] : hypersensibilité électromagnétique (une sorte d'intolérance ou d'allergie aux ondes artificielles), fausses couches, leucémie chez les enfants… L'accroissement de ce cancer des cellules de la moelle osseuse (leucémie) chez les mineurs vivant près des lignes à haute tension est à la base du classement des ondes qu'elles génèrent comme possiblement cancérogènes pour l'homme. C'est le lieu de revenir sur la décision de la Cour constitutionnelle du Bénin, laquelle, si elle constate le respect des valeurs seuils par un relais, n'est pas très en phase avec l'évolution des connaissances scientifiques sur les effets des RNI.

Plusieurs études récentes démontrent que les champs de la gamme des ondes radio produisent des effets athermiques à des niveaux qui sont des milliers de fois inférieurs aux normes de

[120] J-P. LENTIN, Ces ondes qui tuent, ces ondes qui soignent, « https://www.youtube.com/watch?v=Vl9T4KjS15s&t=1906s », consulté le 20/12/2018.

sécurité et ne pouvant produire aucun effet thermique[121]. Ce sont parmi tant d'autres, l'étude épidémiologique indienne, démontrant des lésions de l'ADN (Acide Désoxyribonucléique)[122] chez les riverains des antennes relais de téléphonie mobile, pourtant respectueuses des niveaux d'émission réglementaires. En septembre 2008, la justice française a condamné un opérateur à démonter des antennes relais de téléphonie mobile en dépit du respect des seuils limites[123].

Ensuite, les expositions utilisées en laboratoires pour établir les limites recommandées sont homogènes tandis que dans l'environnement l'exposition est multifréquence, ce qui fait parler d'exposition multifactorielle illimitée. Par ailleurs, les expérimentations à la base des VLE ont été pour la majorité effectuée sur des animaux avec les limites de l'extrapolation interespèces.

Enfin, ce caractère non protecteur ou pas assez protecteur des VLE est reconnu par nombre d'institutions. L'OMS a conclu, suite à une analyse approfondie de la littérature scientifique de ces 30 dernières années, que l'exposition à des radiofréquences

---

121 D. GAUVIN et al., Bilan des normes et recommandations d'exposition aux champs électromagnétiques (O à 300 GHz) et au rayonnement ultraviolet, Québec, IRSST, 1996, p. 59.

122 Effets apparus à 1, 7 volt par mètre, très en dessous alors des seuils limites dont le plus bas est pourtant de 41 volts par mètre. Selon la science, la persistance d'ADN endommagés peut évoluer vers des maladies incluant le cancer, à long terme. V. PRIARTEM, « http://www.priartem.fr/Riverains-d-antennes-relais-ADN-en.html », consulté le 20/01/2019.

123 En effet, après des plaintes de trois couples, le tribunal de grande instance de Nanterre a ordonné le démontage d'une antenne relais, et pour la première fois, a condamné l'opérateur Bouygues Télécom à indemniser ces couples. En effet les parents se plaignaient de migraines et d'insomnies et leurs enfants faisaient des crises d'eczéma inexpliquées. N. KUBAN, Op. cit., p. 35. Dans le même sillage, la justice française a condamné deux opérateurs différents à démonter leurs antennes en raison de cas de leucémie enregistrés chez la progéniture des riverains. V. « https://www.youtube.com/watch?v=KV - d3NXvTH4s », consulté le 20/01/19.

provenant des téléphones portables ou autres technologies ne met pas en danger la santé. Elle apporte bien de tempéraments à cette position. En fait, elle reconnaît que les résultats qui rassurent quant aux effets de l'exposition aux ondes pourraient être dus à la limite des connaissances actuelles sur le sujet. Le Centre International de Recherche sur le Cancer (CIRC) qui suit la position de l'innocuité apporte une limite importante en classant comme « possibles cancérogènes » les ondes électromagnétiques d'extrêmement basse fréquence en juin 2002[124].

En mai 2011, le CIRC a, à l'issue d'une méta-analyse, classé les radiofréquences, ondes utilisées par la téléphonie mobile, en catégorie 2B, résultat publié dans une monographie en date de 2013[125].

Le CIRC est une agence de recherche sur le cancer de l'OMS, basée à Lyon. Ses missions

sont de coordonner et de mener des recherches sur les causes du cancer chez l'être humain, sur les mécanismes de la cancérogenèse et d'élaborer des stratégies scientifiques de lutte contre le cancer. Dans ce cadre, il identifie les facteurs environnementaux et professionnels susceptibles d'accroitre le risque de cancer chez

l'homme en les classifiant. Pour cet effet, le Centre a défini 4 groupes (de 1 à 4) correspondant à des degrés d'indication de cancérogénicité pour l'être humain. Ces groupes sont les suivants : Groupe 1 : agent cancérogène (parfois appelé cancérogène avéré ou cancérogène certain), Groupe 2, composé des Groupes 2A : agent probablement cancérogène et 2B : agent peut-être

124 *IARC : International Agency for Research on Cancer (2002). Non-ionizing radiation, Part 1 : Static and extremely low-frequency (ELF) electric and magnetic fields. Monographs on the Evaluation of Carcinogenic Risks to Humans, Vol 80. Lyon, IARC.*
125 *IARC : International Agency for Research on Cancer (2013). Non-Ionizing Radiation, Part 2 : Radiofrequency Electromagnetic Fields. Monographs on the Evaluation of Carcinogenic Risks to Humans, Vol 102. Lyon, IARC.*

cancérogène (parfois appelé cancérogène possible), Groupe 3 : agent inclassable quant à sa cancérogénicité, Groupe 4 : agent probablement pas cancérogène. L'OMS reconnaît donc que l'exposition aux émanations électromagnétiques de la téléphonie est une cause possible de cancer en classant les radiofréquences dans la catégorie 2B.

En octobre 2013, l'Agence nationale de sécurité sanitaire de l'alimentation, de l'environnement et du travail (ANSES)[126], sans conclure à « un effet sanitaire avéré », recommandait « de limiter les expositions de la population aux radiofréquences – en particulier des téléphones mobiles –, notamment pour les enfants et les utilisateurs intensifs »[127].

Tous ces reproches justifient les nombreux appels à la réforme notamment à la baisse des VLE actuelles. Ce sont les appels du Parlement européen, du Comité russe de radioprotection, de la communauté scientifique dans sa majorité, d'associations de défense des consommateurs etc.

Ces critiques nombreuses, ont trouvé écho favorable. Depuis les années 2000, le réexamen des normes de protection a été lancé à travers le « Projet Champs électromagnétiques (CEM) »[128] de l'OMS : preuve de leur vétusté alléguée.

Ces insuffisances, sources de fragilité, sont perceptibles dans la mise du cadre juridique.

---

126 C'est une institution française chargée de l'évaluation des risques liés aux CEM. De ce fait, elle assure la coordination des recherches sur le sujet, fait le point des connaissances scientifiques et éclaire les politiques de développement numérique. Elle a été créée par l'ordonnance n° 2010-18 du 7 janvier 2010 portant création d'une agence nationale chargée de la sécurité sanitaire de l'alimentation, de l'environnement et du travail, JORF, n° 20, du 8 janvier 2010.

127 E. VERDEUN, Op. cit., p. 71.

128 Ce Projet lancé au début des années 2000 vise entre autres à favoriser l'élaboration de seuils d'exposition conformes aux nouvelles connaissances scientifiques sur les effets liés à l'exposition aux CEM.

CHAPITRE 2 :

Une insuffisance perceptible dans la mise en œuvre du cadre juridique

La mise en œuvre de la protection contre les effets des rayonnements non ionisants (RNI) passe par l'adoption d'un certain nombre de textes d'application et leur effectivité. Toutefois, la réalité qu'offre la protection est loin d'être conforme à ces exigences. Des textes d'application de la règlementation ne sont pas pris, laissant exister tantôt un vide juridique, tantôt un vide institutionnel. En ce qui concerne le droit positif, il fait l'objet d'un timide respect.

Ces observations vont être abordées en deux temps. Dans un premier temps, sera mise en relief, la carence du cadre juridique : un cadre juridique carentiel (section 1). Dans un second temps, sera abordée l'observance même du régime juridique de protection : un cadre juridique faiblement effectif (section 2).

Section 1 : Un cadre juridique carentiel

En référence à ce qui précède, la carence résulte de l'incomplétude du cadre juridique. Ce défaut de complétude sera illustré surtout par l'inexistence de textes d'application importants (paragraphe 1) et le manque de modernité du régime juridique : l'obsolescence du cadre juridique (paragraphe 2).

Paragraphe 1 : L'inexistence de textes d'application

Cette inexistence qui constitue une lacune, une source d'ineffectivité et par suite d'efficacité insuffisante, va être mise en relief à partir du décret n° 2015-490 du 07 septembre 2015 portant protection des personnes contre les effets des champs électriques, magnétiques et électromagnétiques de 0 à 300 GHz et de l'arrêté interministériel n° 054/MS/MDGL/MCVDD/MENC/DC/SGM/DRC/SA du 14 juillet 2016 portant conditions d'implantation des stations radioélectriques en République du Bénin.

A – L'inexistence de textes d'application du décret de 2015

Selon les dispositions de ce texte (article 11), tous les résultats et données des plans de surveillance et de contrôle concernant l'exposition aux radiations non ionisantes sont mis à la disposition d'une commission. Il s'agit de la commission interdisciplinaire dite " rayonnements non ionisants et santé ", devant être créée par arrêté conjoint des ministres chargés des télécommunications et de la santé.

Le texte ne donne aucune indication sur le rôle de cette institution. De toute façon, cet arrêté est inexistant, la commission également. Le nom de l'institution donne quand même à penser qu'il doit s'agir d'un organe appelé à s'occuper des questions touchant l'exposition et ses effets sanitaires. Elle serait alors si elle existait, à l'image de l'Agence nationale de sécurité sanitaire de l'alimentation, de l'environnement et du travail (ANSES) en France.

D'une manière générale, l'ANSES a pour mission d'évaluer les risques dans le domaine de l'alimentation, de l'environnement et du travail, en vue d'éclairer les pouvoirs publics dans leur politique sanitaire. Pour cela, elle doit fournir aux autorités compétentes toutes les informations sur ces risques, ainsi que l'expertise et l'appui scientifique et technique nécessaires à l'élaboration des dispositions législatives et réglementaires et à la mise en œuvre des mesures de gestion des risques. Elle assure également des missions de veille, de vigilance et d'alerte. Elle définit, met en œuvre et finance des programmes de recherche scientifique et technique. Cette agence propose aussi aux autorités compétentes toute mesure de nature à préserver la santé publique. Lorsque celle-ci est menacée par un danger grave, elle recommande à ces autorités les mesures de police sanitaire nécessaires[129].

Il ressort qu'un organe de ce type est nécessaire dans un dispositif de protection contre les effets des RNI ; la commission interdisciplinaire qui aurait pu être son pendant dans le système juridique béninois de protection n'existe pas à ce jour. Il faut dire que si les rayons non ionisants font l'objet de préoccupations scientifiques, c'est justement à cause des effets potentiels qui leur sont liés. L'une des finalités essentielles du droit étant la prévention[130], l'existence d'une institution qui s'investit dans les recherches sur les effets dus à l'exposition aux CEM en vue de leur prévention est un outil important qui doit pouvoir participer à cette anticipation du risque. En tant que tel, un organe de l'ordre de l'ANSES est un chaînon manquant au dispositif de protection, le droit dans ce domaine étant très tributaire de l'information scientifique. Cela revient à dire que la protection contre les effets des RNI est un système composé du juridique, de l'institutionnel et en premier, du scientifique.

---

129 E. VERDEUN, Les radiofréquences et la santé, Thèse de doctorat en sciences pharmaceutiques, Université de Bordeaux, 2015, p. 72.

130 D. SOSSA et J. DJOGBENOU, Introduction à l'étude du droit, Perspectives africaines, Cotonou, Les Ed. du CREDIJ, 2012, p. 135.

Le droit sanctionnateur, dit-on, assure l'effectivité et l'efficacité du droit substantiel, de par la crainte du châtiment qu'il porte. Le législateur du plus important texte en matière d'exposition humaine aux ondes, semble ignorer ce rôle cardinal du *jura supra jura*. Sa seule disposition de nature pénale, l'article 19, n'a prévu aucune sanction en cas de non-conformité du débit d'absorption spécifique (DAS)[131]. Ce vide n'est pas banal. Les sans-fils, aussi miniaturisés soient-ils, sont un plus grand facteur d'exposition[132], du fait de leur rapport intime au corps, dû à leur portabilité, ce qui en fait une source plus à craindre.

B – L'inexistence de textes d'application de l'arrêté de 2016

Ce texte (article 6)[133] subordonne les projets d'installation d'antennes relais, à l'autorisation administrative préalable des communes, où les opérateurs, comptent installer leurs antennes. Cette disposition ajoute que les conditions de délivrance de l'autorisation sont définies dans un accord entre l'Association nationale des communes du Bénin (ANCB) et l'Autorité de Régulation des communications électroniques et de la poste (ARCEP-BENIN).

---

131 Il s'agit du décret n° 2015-490 du 07 septembre 2015 portant protection des personnes contre les effets des champs électriques, magnétiques et électromagnétiques de 0 à 300 GHz. Il dispose : « Sans préjudice de sanctions pénales, les exploitants ou les opérateurs qui ne se conforment pas aux dispositions du présent décret sont punis d'une pénalité allant de 1. 000. 000 de francs CFA à 5. 000. 000 de francs CFA par station radioélectrique. »

132 C'est ce que révèlent des rapports d'études scientifiques. V. A. GEST, Les incidences éventuelles sur la santé de la téléphonie mobile. 2009. pp. 30-34 ; N. KUBAN, Les ondes électromagnétiques : innocuité ou réel danger pour la santé, Thèse de doctorat en sciences pharmaceutiques, Université de Lorraine, 2013, pp. 38-40.

133 Cet article prévoit en son alinéa 1er : « L'exploitant de la station radioélectrique requiert également l'autorisation administrative préalable des autorités locales de la zone. » Il en va de même de l'article 11 al. 2 du code du numérique.

Une autre disposition de l'arrêté[134] prévoit que l'Autorité de Régulation par une décision établit le guide technique fixant les périmètres de sécurité immédiats à respecter pour chaque type d'antenne. Ce guide tout comme l'accord fixant les conditions d'octroi d'autorisation d'installation est absent du régime juridique de protection[135].

Il revient selon le même texte à l'ARCEP de définir par décision les mesures de sécurité des travailleurs sur site et les signalisations de sécurité sur site[136]. La remarque est identique quand on interroge le catalogue des décisions publiées depuis l'arrêté : ladite décision n'y figure point. Une situation aggravée par la " vieillesse " du droit en application.

Paragraphe 2 : L'obsolescence du cadre juridique

Plusieurs raisons conduisent à soutenir que le régime juridique de protection des personnes contre les effets des rayons non ionisants (RNI), fait essentiellement des valeurs limites d'exposition (VLE), est obsolète.

Primo, les recommandations de VLE de la CIPRNI transposées en droit béninois, datent de 1998. Ces recommandations sont en train d'être réexaminées suite au nombre important d'études publiées depuis 1998, comme par exemple l'étude Interphone (ICNIRP 2009). C'est d'ailleurs en vue de coordonner les travaux scientifiques dans ce sens, que l'OMS a mis sur pied depuis les années 2000, le Projet international EMF.

---

134 Il s'agit de l'article 10, lequel dispose : « Le guide technique fixant les périmètres de sécurité immédiats à respecter pour chaque type d'antenne est publié par une décision de l'Autorité de Régulation. »

135 V. catalogue des décisions de l'Autorité de Régulation : « https://arcep.bj/decisions/ », consulté le 03/11/2018.

136 Il s'agit de l'article 11. Il dispose : « Les mesures de sécurité des travailleurs sur site et les signalisations de sécurité qui doivent être aussi placées sur le site, sont définies par décision de l'Autorité de Régulation. »

Secundo, sur le plan communautaire : européen, dès 2008 et en 2009 le Parlement européen a adopté, en s'appuyant sur le rapport BioInitiative de 2007, une résolution constatant que « les limites d'exposition aux champs électromagnétiques sont obsolètes dès lors qu'elles n'ont pas été adaptées depuis la recommandation 1999/519/CE du Conseil du 12 juillet 1999 relatives à la limitation d'exposition du public aux champs électromagnétiques [0 Hz à 300 GHz], que ces limites ne tiennent évidemment pas compte de l'évolution des technologies de l'information et de la communication ni d'ailleurs, des recommandations préconisées par l'Agence Européenne pour l'Environnement (AEE) [...] »[137].

Tertio, au plan national, l'ANSES dans son rapport de 2013, sans conclure à « un effet sanitaire avéré », recommandait « de limiter les expositions de la population aux radiofréquences – en particulier des téléphones mobiles –, notamment pour les enfants et les utilisateurs intensifs ».

C'est dans ce contexte qu'en 2015, le Bénin fait entrer dans son arsenal juridique telles quelles, les recommandations de la CIPRNI, alors que la téléphonie a été introduite au Bénin depuis 1996. Le retard accusé pour asseoir un cadre juridique aurait pu être une opportunité de faire des VLE, qui tiennent compte des critiques de l'existant et des spécificités béninoises : les rapports des Béninois avec les sources de radiofréquence.

Quarto et enfin, la loi de 2017[138] portant code du numérique en République du Bénin a prévu en son article 30 que soit pris un décret fixant les valeurs limites d'exposition aux champs électriques, magnétiques et électromagnétiques. Cette disposition confirme l'obsolescence des VLE actuellement en vigueur et laisse entrevoir leur prochaine révision. En attendant, force est de constater que des implications importantes du droit positif ne sont pas si respectées.

---

[137] E. VERDEUN, Op. cit., p. 100.

[138] La loi n° 2015-20 du 13 juin 2017 portant code du numérique en République du Bénin.

Section 2 : Un cadre juridique faiblement effectif

Le régime juridique de protection contre les effets des radiations non ionisantes (RNI) est loin de faire objet d'une pleine application. Aux termes de l'article 10 du décret de 2015 sur la protection des personnes contre les effets des champs électromagnétiques : « L'Autorité de Régulation des communications électroniques et les autres structures de contrôle concernées, veillent chacune en ce qui la concerne, au respect des valeurs limites d'exposition du public et des travailleurs aux champs électriques, magnétiques et électromagnétiques. » Par cette disposition, le législateur soumet au contrôle, toute technologie émettant des ondes. L'effectivité de ce contrôle, n'inclut pourtant pas tous les générateurs d'ondes, ni les principaux moyens de télécommuications. Cet état de chose, fait que des émetteurs de rayonnements importants, restent en marge du contrôle, ce qui fait que l'effectivité du régime juridique peut être qualifiée de faible : une faiblesse remarquable par l'application partielle du cadre juridique (paragraphe 1). Ce niveau d'application est entre autres causes, une répercussion de la concentration de pouvoirs au sein d'une seule institution : une conséquence de la monopolisation des attributions institutionnelles (paragraphe 2).

Paragraphe 1 : Une faiblesse remarquable par l'application partielle du cadre juridique

L'application partielle de la réglementation se caractérise par son ineffectivité dans une mesure proportionnelle aux plans technique et institutionnel. Sous l'angle technique, le contrôle de conformité des émissions n'est effectif que pour les pylônes GSM. Il ne couvre pas les générateurs mobiles de rayons radioélectriques : les portables. Sous l'angle institutionnel, la commission interdisciplinaire " rayonnements non ionisants et santé " est un mythe. Ce paragraphe aborde ces insuffisances sous forme d'absence : une absence de contrôle du débit d'absorption spécifique (A) et une absence d'organe d'évaluation du risque lié à l'exposition (B).

A – L'absence de contrôle du débit d'absorption spécifique

Le premier moyen de s'assurer de son respect est le contrôle de l'affichage du débit d'absorption spécifique (DAS) sur les notices d'utilisation des téléphones : contrôle administratif et le second, la mesure de l'émission de ces appareils en laboratoires[139] : contrôle technique. Dans l'application du dispositif de protection contre les effets des ondes électromagnétiques, les mobiles en vente ou en usage au Bénin n'ont encore jamais fait l'objet de ces contrôles[140]. Pourtant, selon les chercheurs scientifiques, l'émission des téléphones sans fil absorbée par l'organisme, est beaucoup plus importante que celle des antennes relais[141], à l'égard desquelles il y une certaine effectivité du contrôle. L'une des raisons de la spécificité des téléphones mobiles comme facteurs de rayonnements, tient au fait que physiquement, ils sont

---

139 C'est ce qui résulte du portail internet interministériel français d'information sur les radiofréquences : « www.radiofrequences.gouv.fr », consulté le 16/10/2018.

140 Voir pour cela, tous les rapports d'activités de l'Autorité de Régulation : Rapports annuels d'activités de 2014, 2015, 2016, 2017 et 2018.

141 C'est ce que révèlent des rapports d'études scientifiques. V. A. GEST, Loc. cit., Ibid. ; N. KUBAN, Op. cit., Ibid.

tenus plus près des organes sensibles du corps humain que le commun des produits portables de la science, de sorte que bien souvent, on est plus exposé aux ondes des téléphones et à leurs effets potentiels. Ce n'est pas pour rien qu'ils sont au cœur des recherches sur les effets des technologies utilisant les radiofréquences. La situation du contrôle de conformité n'est pas similaire dans les pays imités.

Dans l'exercice de ses missions de surveillance du marché des équipements radioélectriques et de contrôle de l'exposition du public aux ondes électromagnétiques, les mesures de l'Agence française des fréquences (Agence Nationale des Fréquences : ANFR[142]) ont mis au jour le dépassement du DAS par les téléphones ARCHOS, ACCESS 50 et NOKIA 6.1[143]. Ces mesures effectives ont permis de prendre des mesures de correction urgentes dans l'intérêt des porteurs de ces sources de rayonnements non conformes et certainement dangereuses, en référence aux limites recommandées.

Cette réalité dans un pays où il y a effectivité des contrôles, jette des soupçons légitimes quant à la conformité des émetteurs d'ondes au Bénin, toutes catégories confondues. Quand on se fie au constat du Secrétariat de la convention de Bâle, une grande partie des Equipements électriques et électroniques (EEE) est

---

142 L'ANFR est l'institution française ayant pour rôle général de veiller au respect des niveaux d'émission d'ondes électromagnétiques par les antennes relais et les téléphones portables. Elle est créée par la loi n° 96-1178 du 27 septembre 1996 relatif à l'Agence nationale des fréquences, JORF, n° 303, du 29 décembre 1996.

143 ANFR, « La lettre d'information de l'ANFR numéro 27 (Novembre/Décembre 2018) », « https://www.anfr.fr/fileadmin/mediatheque/documents/Newsletter/20181221-newsletter-ANFR-novdec2018.htlm », consulté le 09/06/2019 et « la lettre d'information de l'ANFR du 15 juillet 2019 », « https://www.anfr/toutes-les-actualites/actualites/mise-a-jour-du-telephone-nokia-61-ta-1043-a-la-suite-dun-depassement-de-la-limite-reglementaire-du-das-tronc/ », idem.

frauduleusement introduite sur le territoire béninois[144], échappant de cette manière, au contrôle préalable de conformité[145] ; chose aggravée par le manque de tout contrôle de conformité des cellulaires, effectué a posteriori et l'absence de sanction, en cas de non-conformité du DAS.

B – L'absence d'institution d'évaluation des risques

L'évaluation des risques (liés à l'exposition aux ondes radio) est définie comme « une démarche méthodique de synthèse des connaissances scientifiques disponibles, en vue d'évaluer les effets sur la santé d'une population, résultant d'une exposition à une substance, un agent ou une situation dangereuse »[146]. Elle est destinée à alimenter la phase de réflexion sur la gestion des risques, du ressort des pouvoirs publics, phase qui consiste à explorer les différentes solutions envisageables et leurs conséquences socio-économiques et juridiques.

La règlementation n'a pas expressément prévu une telle institution dans le dispositif de protection. Néanmoins, le décret de 2015 sur les VLE indique que « tous les résultats et données des plans de surveillance et de contrôle concernant l'exposition aux champs électromagnétiques doivent être mis à la disposition de la commission interdisciplinaire " rayonnement non ionisant et santé " » par l'Autorité de Régulation et les autres structures

---

144 Rapport du Secrétariat général de la convention de Bâle sur la gestion des DEEE au Bénin, 2011, p. 22.

145 L'article 3 du décret n° 2016-445 du 27 juillet 2016 portant régime d'agrément ou d'homologation des équipements terminaux et équipements ou installations radioélectriques en République du Bénin le définit comme : « L'ensemble des opérations portant essentiellement sur la vérification du respect des caractéristiques techniques, de tout équipement de communications électroniques avec les exigences techniques en vigueur en République du Bénin, en vue d'obtenir un certificat d'agrément. »

146 Cette définition est donnée par un texte de référence visant à organiser le processus d'évaluation des risques sanitaires. Il a été proposé par l'Académie des sciences des États-Unis (*Committee on the Institutional Means for Assessment of Risks to Public Health, Commission on Life Sciences, National Research Council* 1983). E. VERDEUN, Op. cit., p. 106.

de contrôle (article 11). La conjonction « et » dans la dénomination donnée par la loi à cette commission, établit des liens entre environnement électromagnétique et santé. Elle donne des raisons de penser qu'il s'agit d'une institution d'évaluation des risques, surtout que la loi fait de la commission, la seule créancière de la réception des résultats de mesures des niveaux d'exposition, que les structures de contrôle ont l'obligation de lui fournir en tant que débitrices de la réception.

Dans la réalité, la réception par la commission n'est pas possible, parce que la commission, dont l'intitulé la rapproche de l'ANSES française, est inexistante : les données issues des mesures ne font alors a priori l'objet d'aucune évaluation. C'est un rôle qui ne revient pas à l'Autorité de Régulation, même si le discours de certains de ses responsables, tendent à la faire passer pour une institution de veille sanitaire : « L'ARCEP veille sur la santé des populations béninoises. » Elle n'est pas une agence de recherches scientifiques et n'a aucune compétence en santé environnementale[147], vaste domaine de connaissances auquel fait appel le sujet des ondes. L'absence de la commission " rayonnement non ionisant et santé " du système institutionnel découle d'un vide juridique qui se traduit par le défaut de son acte constitutif. Selon les dispositions de l'article 11 du décret, cet organe est créé par « arrêté conjoint des ministres chargés des télécommunications et de la santé ».

Lors de la Conférence de l'OMS de Francfort en 1989, la santé environnementale a été définie comme « les aspects de la santé et la qualité de vie des populations qui sont déterminés par les facteurs environnementaux »[148]. En 1994, à la faveur de la Conférence d'Helsinki, l'Organisation mondiale de la Santé (OMS) l'a redéfinie comme la discipline qui « fait référence aux

---

[147] V. Articles 3 et 4 du décret n° 2014-599 du 09 octobre 2014 portant attributions, organisation et fonctionnement de l'Autorité de Régulation des Communications Electroniques et de la Poste du Bénin.

[148] Première Conférence interministérielle de Francfort où a été adoptée la Charte européenne de l'environnement et de la santé (1989).

aspects de la santé humaine, y compris la qualité de vie, qui sont déterminés par les facteurs physiques, chimiques, biologiques, sociaux, psychologiques et esthétiques de notre environnement »[149].

Le défaut d'évaluation des risques relevé, équivaut à l'inapplication ou plutôt à la mauvaise application du principe de précaution[150], observé à l'égard des risques à l'origine d'incertitude scientifique. Ce principe demande en réalité, « la mise en œuvre de procédures d'évaluation des risques » et la recherche doit être considérée comme un élément à part entière de ce principe[151].

La timide effectivité décrite est due non seulement aux facteurs ci-dessus évoqués mais aussi à la concentration en matière de communication électronique et de la poste, des attributions dans les mains d'une seule institution.

---

149 Deuxième Conférence européenne sur l'environnement et la santé tenue à Helsinki (Finlande) où a été adoptée la Déclaration sur l'action pour l'environnement et la santé en Europe.

150 Le principe de précaution est une règle fondamentale en droit de l'environnement. Il prend naissance en Allemagne au cours des années 1970 et est inscrit à l'article 15 de la Déclaration de Rio sur le développement et l'environnement de 1992. Le principe est énoncé ainsi qu'il suit : « Pour protéger l'environnement, des mesures de précaution doivent être largement appliquées par les Etats... En cas de risque de dommages graves ou irréversibles, l'absence de certitude scientifique absolue ne doit pas servir de prétexte pour remettre à plus tard l'adoption de mesures effectives visant à prévenir la dégradation de l'environnement. » F. EWALD (dir.), Le principe de précaution, 2è éd. mise à jour, Paris, PUF, Coll. « Que sais-je ? », 2008, p. 6.

151 I. LAGROYE, Etude des effets biologiques des champs électromagnétiques non invasifs, Diplôme d'Habilitation à Diriger les Recherches, Paris, Ecole Doctorale de l'Ecole Pratique des Hautes Etudes, p. 6.

Paragraphe 2 : Une conséquence imputable à la monopolisation des attributions institutionnelles

Cette remarque découle des missions affectées à l'Autorité béninoise de régulation des communications électroniques et de la poste (ARCEP). En effet, ces missions, " nombreuses ", affectées à ce seul organe, couvrent six domaines de compétence pour le seul secteur des télécommunications : l'ordre général, l'administration, la technique, l'économie, l'investigation, le contrôle et la sanction et, la consolidation du cadre juridique du secteur[152].

En tant qu'organe de régulation d'ordre général, l'Autorité de Régulation veille à la loyauté de la concurrence entre opérateurs du secteur des communications électroniques et de la poste (CEP) et à l'accès par les consommateurs à des services de qualité à des prix abordables.

Autorité administrative, elle décide de la délivrance des autorisations, des agréments et prend des décisions. De par sa mission technique, cette institution définit les prescriptions techniques applicables aux réseaux de télécommunications, aux équipements terminaux et s'occupe de la gestion du spectre des radiofréquences. C'est dans la gestion du spectre que l'Autorité de Régulation est appelée à contrôler les niveaux d'émissions d'ondes des téléphones mobiles et des antennes relais.

D'un point de vue économique, il lui revient de définir les principes de tarification en vue d'assurer une tarification juste et raisonnable du service des postes et télécommunications. En tant que organe d'investigation, de contrôle et de sanction, elle reçoit et tranche les plaintes. Enfin, l'institution doit contribuer à la consolidation du cadre juridique, économique et sécuritaire dans

---

152 G. SOSSOU, Autorité Transitoire de Régulation des Postes et Télécommunications (ATRPT) au Bénin : De l'établissement des normes à la mise de la régulation du marché, Contribution au Forum de la Régulation, 2009, p. 10.

lequel s'exercent les activités du secteur des communications électroniques et de la poste (CEP)[153].

Si ces missions paraissent normales en vue de la régulation, les conférer toutes et d'un seul tenant à une institution qui plus est jeune[154], n'est pas de nature à favoriser leur accomplissement efficace. A titre de comparaison, l'Autorité de Régulation française, créée en 1997 avait initialement l'unique mission d'accompagner l'ouverture à la concurrence du secteur des communications électroniques. C'est au fur et à mesure, que ses missions se sont étendues[155], sans pour autant que l'aspect technique du contrôle et la gestion du spectre des fréquences lui soient confiés. Bien au contraire, ce dernier a depuis été l'attribution d'une autre institution, l'Agence nationale des fréquences, créée la même année que l'Agence française de régulation[156].

Cette séparation des missions de régulation de d'ARCEP-France d'avec la gestion du spectre est pertinente étant donné les nombreux secteurs économiques entiers reposant sur l'accès aux fréquences électromagnétiques : communications mobiles, Télévision Numérique Terrestre (TNT), liaisons satellites, transports, industrie militaire ou internet des objets et l'importance des missions classiques de régulation[157].

Ce trop-plein d'attributions n'est pas démenti par l'ARCEP qui a dû se doter d'un centre spécialisé en contrôle de conformité du

---

153 G. SOSSOU, Op. cit., p. 15.

154 L'ARCEP-BENIN est issue du décret n° 2014-599 du 09 octobre 2014 portant attributions, organisation et fonctionnement de l'Autorité de Régulation des Communications Electroniques et de la Poste du Bénin.

155 Régulation du secteur postal en 2005, protection de la neutralité du net en 2015…. V. ARCEP-FRANCE, « https://www.arcep.fr/larcep/nos-missions.html », consulté le 03/11/2018.

156 Loi n° 96-1178 du 27 septembre 1996 relatif à l'Agence nationale des fréquences, JORF, n° 303, du 29 décembre 1996.

157 ANFR, « https://www.anfr.fr/l-anfr/quest-ce-que-le-spectre/ », consulté le 09/11/2018.

niveau d'exposition des populations aux effets des rayons non ionisants : le Centre de contrôle et de gestion des fréquences (CCGF)[158].

La situation se complique tout de même, par l'incompatibilité manifeste des charges technico-juridiques de la régulation avec la protection des personnes contre les effets des vibrations invisibles à l'œil nu, des machines de la science. Faut-il le souligner, en l'état actuel du droit positif béninois, c'est l'Autorité de Régulation qui seule assure *de facto* cette protection, en l'absence d'organe spécialisé dans les recherches sur les effets de l'environnement électromagnétique artificiel et cela, de par sa mission technique : veiller « au respect des valeurs limites d'exposition du public et des travailleurs aux champs électriques, magnétiques et électromagnétiques » (article 10 du décret de 2015).

En effet, techniquement, l'ARCEP a pour mission de planifier, de gérer et de contrôler l'utilisation du domaine public hertzien. L'utilisation des fréquences hertziennes s'analyse en une occupation du domaine public donnant lieu au paiement de redevances qui alimentent le budget de l'État. (...) L'État a donc un intérêt financier immédiat à ce que les fréquences hertziennes soient toutes attribuées et exploitées le plus intensément possible, ce que l'on peut traduire par l'idée de « valorisation du domaine public ».

Ces fonctions par nature, ne sont pas conciliables avec le rôle d'organe de protection contre les effets des RNI, rôle somme toute, environnemental, pouvant impliquer des mesures contre la valorisation du domaine public hertzien. Bien au contraire, elles sont défavorables à une mission environnementaliste. Par analogie, HEROUX a vu juste, en soutenant que : « Quand un gouvernement s'allie aux corporations pour des raisons fiscales,

---

158 Le CCGF est situé à Hêvié, dans la commune d'Abomey-Calavi ; en général, il s'occupe de l'accomplissement de la mission technique de l'ARCEP. Magazine d'informations de l'ARCEP-BENIN/ N° 001, p. 33.

il reste peu d'éléments puissants dans la société dévoués à la protection du public.[159] »

Le but de cette critique, c'est de ressortir l'antinomie des missions de l'ARCEP : assurer la distribution des ressources en fréquences radioélectriques [160] et protéger contre les conséquences de ces mêmes ressources et ; l'impératif de mettre fin au monolithisme du système institutionnel de protection, en le dotant d'un organe spécialisé en bioélectromagnétisme[161]. Autrement, cette institution dont l'une des attributions fondamentales est l'appui aux projets de progrès par voie numérique[162], verrait difficilement, risques dans l'exposition aux ondes radio, sans éclairages scientifiques, dépourvus, du flou caractéristique de la littérature scientifique internationale[163].

En dépit de ces faiblesses induites par les politiques technologiques, le régime juridique et sa mise en œuvre, le droit à la protection de l'environnement reste la matrice de tous les droits et libertés fondamentaux reconnus à l'homme[164]. Il requiert dans son état actuel, renforcement.

---

159 Paul HEROUX est Directeur du Programme de Santé au Travail et enseignant à la Faculté de Médecine, Université McGill, Montréal.

160 Plan stratégique de l'ARCEP-BENIN couvrant la période 2018-2021, pp. 4-6.

161 C'est la science qui étudie les effets des RNI. I. LAGROYE, Op. cit., p. 1.

162 ARCEP-BENIN, Op. cit., p. 4 et articles 3 et 4 du décret n° 2014-599 du 09 octobre 2014 portant attributions, organisation et fonctionnement de l'Autorité de Régulation des Communications Electroniques et de la Poste du Bénin.

163 Flou voulu, soutenu et entretenu par des multinationales pour empêcher et à défaut retarder toute réglementation restrictive des émissions de rayonnements électromagnétiques (REM).

164 E. TCHIAKPE, Contribution à la réalisation du droit de l'homme à l'environnement : cas particuliers du Bénin et de la France, Thèse de doctorat en droit privé, UAC, 2015-2016, pp. 280-281. M. DEJEANT-PONS, « L'insertion du droit de l'homme à l'environnement dans les systèmes régionaux de protection des droits de l'homme », RUDH, Vol. 3, n° 11, 30 novembre 1991, p. 461.

SECONDE PARTIE :

Un droit nécessitant renforcement

L'environnement est un facteur déterminant du bien-être. Par le passé, les crises successives liées aux dioxines, aux pluies acides, aux pesticides ou à la radioactivité ont convaincu de ce que la qualité de notre environnement peut avoir des répercussions sur la santé et de l'interdépendance entre préoccupations sanitaires et préoccupations environnementales[165]. Le nuage de Tchernobyl qui s'est arrêté comme par magie aux frontières françaises le 26 Avril 1986, créant de nombreuses pertes en vies humaines[166], les décès dus à la pollution de l'air par la radioactivité à Fukushima, au gaz sarin en Syrie... sont autant de drames illustratifs du lien entre environnement et santé et donnant au droit à l'environnement, le caractère d'un droit crucial. A l'heure du dix-huitième anniversaire des attentats du World Trade Center (WTC)[167], le *WTC Program* (programme de soins fédéral réservé aux rescapés des attentats), a déjà recensé des dizaines de milliers de cas de cancer et autres malades graves, parmi la population exposée à des quantités inédites de produits chimiques : dioxine, l'amiante... libérées dans l'air, par la combustion pendant

---

165 L. Neyret, Atteintes au vivant et responsabilité civile, thèse, Bibliothèque de droit privé, Tome 468, LGDJ, 2006, cité par E. TCHIAKPE, Contribution à la réalisation du droit de l'homme à l'environnement : cas particuliers du Bénin et de la France, Thèse de doctorat en droit privé, UAC, 2015-2016, p. 4.

166 N. KUBAN, Les ondes électromagnétiques : innocuité ou réel danger pour la santé, Thèse de doctorat en sciences pharmaceutiques, Université de Lorraine, 2013, p. 13.

167 Attentats terroristes survenus le 11 septembre 2001 contre les tours jumelles du World Trade Center (États-Unis d'Amérique). Le taux de cancer a augmenté (entre 10 pourcent et 30 pourcent) dans la population exposée (personnels des services de secours, bénévoles et autres) et devrait croître en raison de la nature de certains cancers qui prennent 20 à 30 ans à se développer. La situation est telle que l'actuel gouvernement des États-Unis, a repoussé de 2020 à 2090, la date limite à laquelle des demandes pourront être déposées auprès d'un fonds spécial d'indemnisation. Le Parisien, « 11 Septembre : des années après le drame, l'ombre du cancer plane sur New York », « http://www.leparisien.fr/international/11-septembre-des-annees-apres-le-drame-l-ombre-du-cancer-plane-sur-new-york-09-09-2019-8148414.php », consulté le 14/09/2019.

environ cent jours, de milliards de tonnes de matériaux de construction.

L'importance du droit de l'homme à un milieu de vie sain est accrue, lorsqu'il s'agit d'étudier les effets des champs électromagnétiques (CEM) sur l'environnement dans sa composante humaine ; cela d'autant plus que, de la même manière que l'air nous entoure, un champ électromagnétique nous enveloppe en tout lieu, à un tel point qu'un auteur a écrit : « L'espèce humaine est entrée dans l'âge électromagnétique, ce qui expose à un bombardement d'ondes comme jamais auparavant dans l'histoire de l'humanité.[168] » Ceci fait dire à des experts, que l'espèce humaine est le cobaye de la plus vaste expérience scientifique jamais réalisée.

L'omniprésence de ce facteur de risque et les inquiétudes allant avec, ont engendré un intérêt de recherche remarquable quant aux effets des ondes électromagnétiques, en l'occurrence des radiofréquences sur l'homme.

La plupart des travaux de recherche postérieurs à l'établissement des valeurs limites d'exposition (VLE), ont l'avantage d'être d'actualité, de tenir compte, plus ou moins, de l'essor effréné de la science depuis 1998, année où les VLE ont été établies. La prise en compte de leur comtenporanéité avec l'état d'avancée actuel du progrès scientifique, et les imperfections de la réponse béninoise aux effets des rayonnements non ionisants (RNI), créent la nécessité de renforcer le mécanisme de protection.

Dans cette optique, cette seconde partie est organisée en deux centres d'intérêt. Le premier centre d'intérêt s'intitule : une nécessité d'adaptation aux résultats des recherches scientifiques (chapitre 1) et le second : les pistes de renforcement du dispositif de protection (chapitre 2).

---

168 M. BLANK, Ces ondes qui nous entourent. Ce que la science dit sur les dangers des rayonnements électromagnétiques, Montréal, Éd. Écosociété, 2016, p. 39.

CHAPITRE 1 :

Une nécessité d'adaptation aux résultats des recherches scientifiques

La littérature scientifique sur les effets des sources d'ondes électromagnétiques est certainement des plus abondantes en sciences dures. Une abondance marquée par la division de la science. D'un côté, il y a des chercheurs qui soutiennent que les champs électromagnétiques (CEM) non ionisants sont inoffensifs sous les normes de protection en vigueur. De l'autre, les contempteurs des CEM, qui soutiennent qu'ils constituent bel et bien un danger pour l'environnement et la santé.

La question est de savoir si les ondes hertziennes (utilisées dans les télécommunications) ont des effets non thermiques, l'unanimité étant déjà faite, s'agissant des effets thermiques[169]. Autrement, y a-t-il un rapport de cause à effet entre un effet sanitaire et les radiofréquences ?

Pour rappel, les effets non thermiques regroupent les maux que peuvent engendrer les CEM sans causer au préalable l'échauffement du corps, c'est-à-dire sous les normes de protection actuelles. Ils sont un effet insidieux, pouvant survenir même dans le respect des niveaux de référence, autre appelation des valeurs limites. A l'opposé, l'effet thermique se manifeste par l'échauffement du corps.

L'objet des recherches, toujours en cours[170], est de savoir si les VLE recommandées par la Commission internationale de

---

[169] A. LY, « Ondes électromagnétiques, risques et cancers », in Journal Africain du cancer, n°4, Vol. 6, 2014, pp. 190-191. INRS, « Rayonnements ionisants », « http://www.inrs.fr/risques/rayonnements-ionisants/ce-qu-il-faut-retenir.html », consulté le 07/11/2018. « Toute absorption d'énergie électromagnétique accroît la température par les tissus » : H. FEELAY, Travailler devant un écran. Soin des yeux, éclairage, posture confort, Montréal, Les Ed. de l'homme, 1985, p. 20.

[170] Il s'agit par exemple du Projet international EMF de l'OMS, l'étude MOBI-KIDS de l'UE, l'étude COSMOS (lancée en 2009, ses résultats sont attendus

protection contre les radiations non ionisantes (CIPRNI) sont vraiment protectrices de la santé humaine dans un monde qui devient au jour le jour un village planétaire, augmentant les facteurs et les temps d'exposition.

En vue de faire un point parfait de la controverse et au-delà, de l'état des connaissances scientifiques actuelles sur le sujet, ce chapitre est scindé en deux, en tenant compte des résultats de recherche. Deux tendances se dégagent pour répondre à la question posée. La première participe de la thèse de l'innocuité des champs électromagnétiques (section 1) et la seconde, de la thèse de la nocuité (section 2).

---

pour 2040, soit 30 ans de durée) appelés à éclaircir davantage sur les effets à long terme.

Section 1 : La thèse de l'innocuité des champs électromagnétiques[171]

L'esprit juridique, est un esprit critique. Il se manifeste par le doute scientifique qui pose le problème de preuve. Cela signifie que l'esprit juridique (scientifique) se ramène au besoin de preuve[172], qualifiée à raison par IHERING de « la rançon des droits ». Ayant encore « [...] un esprit expérimental qui le rapproche de l'esprit du physicien, du chimiste, du biologiste [...] »[173], le droit puise aux faits, aux vécus, à la réalité sensible, par le truchement de la science, pour combler ce besoin impératif. Dans une tentative de réponse, celle-ci, au service du droit, met à sa disposition, nombre d'études, en matière d'exposition environnementale aux rayons non ionisants (RNI) sur lesquelles s'appuie cette thèse de l'innocuité.

Etant donné qu'il y a quantité de travaux dans ce sens, les points saillants des plus représentatifs et récents, vont être présentés suivant la typologie suivie par les institutions compétentes : les études biologiques (paragraphe 1) et épidémiologiques (paragraphe 2).

---

171 Un champ électromagnétique est un espace où se propagent des ondes électromagnétiques.

172 D. SOSSA et J. DJOGBENOU, Op. cit., pp. 89-90.

173 D. SOSSA et J. DJOGBENOU, Op. cit., pp. 90-91.

Paragraphe 1 : Les études biologiques

Ce sont des études expérimentales effectuées soit dans l'organisme vivant, sur des humains ou des animaux, soit en dehors, sur des produits du corps. Les deux études à présenter ici, ont été réalisées par l'AFSSET (Agence française de sécurité sanitaire de l'environnement et du travail), aujourd'hui ANSES (Agence nationale de sécurité sanitaire de l'alimentation, de l'environnement et du travail) afin de voir si l'exposition aux ondes a des effets nuisibles sur des fonctions essentielles de l'organisme. Elles concernent : les effets des des ondes de la téléphonie sur le système immunitaire (A) et sur la fonction de reproduction (B).

A – Les effets sur le système immunitaire

Le système immunitaire, est en quelque sorte, le bouclier naturel que possède l'organisme, pour se prémunir contre tout facteur pathogène. Une atteinte de ce système peut engendrer des défenses défectueuses vis-à-vis des agents extérieurs, être la porte ouverte aux maladies et annihiler la réalisation du droit au bien-être ou à la santé, pendant du droit à l'environnement.

Une dizaine d'études au total, la majorité sur prélèvement, effectuée sur des maillons faibles, des systèmes immunitaires humain et animal, qui ont été exposés aux radiofréquences.

Résultat, huit des dix travaux ne révèlent aucuns effets des ondes électromagnétiques. Seuls deux révèlent un effet : la baisse de la réactivité de certains des maillons, chez les sujets âgés après exposition et la stimulation d'autres.

L'AFSSET en déduit l'absence de risques des radiofréquences sur le système immunitaire compte tenu du petit échantillon de personnes des deux études qui démontrent un effet délétère, estimé mineur, des ondes radioélectriques sur le système de défense du corps[174].

B – Les effets sur la reproduction

Même si la finalité du mariage ne peut être réduite à la reproduction du point de vue du droit, elle en est une finalité essentielle du point de vue sociologique. Le droit béninois autorise la rupture du lien matrimonial pour cause de stérilité et/ ou d'infertilité médicalement établie avant le mariage et non révélée au moment de sa célébration[175]. Cette importance de la fonction de reproduction est prise au sérieux par les chercheurs.

De nombreuses études sont consacrées aux effets des ondes radio sur les organes de la reproduction. Elles ont consisté à exposer plusieurs espèces, animale et humaine, à des radiofréquences différentes pendant des durées variées, pour des études effectuées directement dans l'organisme vivant. Parmi les sujets humains, des hommes (des centaines) suivis pour infertilité et d'autres n'en souffrant pas, ont répondu à un questionnaire sur les niveaux d'usage des téléphones portables. Leurs spermes ont ensuite été analysés. Pour les études sur prélèvements, des spermes provenant de donneurs humains ont été soumis pour une partie à des rayonnements électromagnétiques et une autre partie retenue comme témoin.

Les études sur prélèvements de produits du corps, ont montré un effet des radiations sur la reproduction avec notamment une légère diminution de la mobilité et de la vélocité des spermatozoïdes. Pour les autres travaux, effectués dans l'organisme vivant, chez les animaux, aucun rapport n'est démontré entre l'exposition des radiofréquences et une

---

174 Rapport de l'AFSSET. Mise à jour de l'expertise relative aux radiofréquences. 2009. pp. 175-177. N. KUBAN, Les ondes électromagnétiques : innocuité ou réel danger pour la santé, Thèse de doctorat en sciences pharmaceutiques, Université de Lorraine, 2013, p. 43.

175 Article 234 de la loi n° 2002-07 du 24 août 2004 portant Code des personnes et de la famille (CPF) au Bénin.

perturbation des organes reproducteurs. Cependant, concernant les études réalisées chez l'homme, la qualité des spermatozoïdes (mobilité, viabilité) chez les utilisateurs réguliers de mobile est diminuée mais ces études ont pris en compte un seul facteur (téléphone mobile) alors que de nombreux facteurs peuvent intervenir (alcool, tabac, chaleur, toxiques,...) sur la qualité du sperme[176].

Le rapport en déduit qu'il n'y a pas de preuves réelles et significatives sur un risque certain des ondes radio. A la recherche de la vérité, les chercheurs recourent également aux études dites cliniques ou épidémiologiques.

---

176 Rapport de l'AFSSET. Mise à jour de l'expertise relative aux radiofréquences. 2009. pp. 200-204.

Paragraphe 2 : Les études épidémiologiques

Le principe de l'épidémiologie est d'étudier la fréquence des maladies dans divers groupes de population, d'en suivre l'évolution, de faire des hypothèses sur leur étiologie et d'en déduire la stratégie la plus adaptée de prévention. Il est impossible d'étudier une population dans sa totalité, cette science va donc mobiliser une partie de la population : une population d'étude. Cet échantillon doit bien sûr être le plus représentatif de la population pour laquelle on souhaite tirer des conclusions[177].

L'étude à mettre en relief ici est l'étude Interphone réalisée dans treize pays et dont la synthèse globale des résultats a été présentée en 2010. Interphone est la plus grande étude observationnelle menée sur les rapports entre les tumeurs intracrâniennes et l'usage des téléphones mobiles. De plus, les résultats de cette étude demeurent les plus représentatifs de l'état actuel des connaissances scientifiques et les plus fiables car elle réunit le plus grand nombre d'utilisateurs cumulant au minimum douze mois d'exposition. L'objectif est de déterminer s'il existe une relation entre l'exposition au portable et les tumeurs de la tête et du cou, notamment deux (2) types de cancer : le gliome (A), les neurinomes de l'acoustique (B) dont les résultats de recherche ont été déterminants dans le classement en causes potentielles de cancer des radiofréquences.

A – Les études sur le risque de gliome

Les gliomes sont des tumeurs cérébrales, représentant quarante-cinq pourcent des tumeurs du cerveau et touchant essentiellement les enfants et les adultes jeunes. Leurs symptômes sont : une perte de la parole ou de la vue, les maux de tête et les convulsions.

La cible a répondu à un interrogatoire d'environ une heure dans le but d'apporter des informations sur son mode d'usage du

---

177 N. KUBAN, Op. cit, p. 58.

téléphone cellulaire, ou sur son exposition professionnelle aux radiofréquences.

Pour les usagers de téléphones à court terme (de 1 à 4, 7 ans) : sur sept études, seulement une montre un très faible accroissement du risque. Pour les autres études, on ne retrouve aucun rapport entre l'utilisation d'un mobile et la survenue d'un gliome.

Pour les usagers ayant été en contact avec le téléphone pour une période à moyen terme (de 3, 8 à 9 ans), les chercheurs estiment qu'il n'existe aucun rapport de cause à effet entre le risque de gliome et l'exposition aux ondes électromagnétiques émises par le téléphone portable.

Cependant, pour un usage durant une période à long terme supérieure à dix ans, les données sont rares et les chercheurs suggèrent que les risques concernant les tumeurs à évolution lente ne peuvent être totalement écartés.

B – Les études sur le risque de neurinome de l'acoustique

Les neurinomes de l'acoustique représentent sept pourcent des tumeurs intracrâniennes et se développent sur les nerfs de l'audition. En se formant sur ces nerfs, la tumeur va les comprimer, provoquant une perte de l'audition, des acouphènes, ou des troubles de l'équilibre. Ce neurinome se développe lentement, environ un à deux millimètre(s) par an. Si la tumeur n'est pas prise en charge, elle va s'étendre et entrainer des complications neurologiques telles que des céphalées ou une hémianesthésie.

Tous les résultats s'accordent à conclure qu'il n'y pas de lien entre l'utilisation du mobile et un risque accru de neurinome car les études ont estimé les risques trop insignifiants, quelle que soit la période d'usage du mobile. De même, les études révèlent que l'usage du sans-fil, du même côté ne majore pas le risque de survenue de ce cancer à cet endroit le plus exposé aux radiofréquences. Sauf une étude apporte un résultat différent indiquant un risque accru associé à l'usage ipsilatéral du téléphone durant au moins une période de dix ans précédant le diagnostic.

Donc une fois de plus, on constate des résultats contradictoires ne permettant pas d'exclure totalement un éventuel risque[178]. Ces résultats de recherches confortent bien la thèse de l'innocuité des sources de radiofréquence. Tout de même, ils sont loin de rallier tous les scientifiques, les défenseurs de l'environnement, les associations de défense des droits de l'homme et même des gouvernants dont les appréhensions s'appuient sur d'autres travaux de recherches relevant de ce qu'il convient d'appeler : thèse de la nocuité des rayonnements électromagnétiques.

178 N. KUBAN, Op. cit., p. 68.

Section 2 : La thèse de la nocuité des champs électromagnétiques

Cette doctrine se nourrit des faiblesses de la thèse de l'innocuité et de rapports d'études faisant le lien entre exposition aux radiofréquences et problèmes de santé.

Cette section-ci tient compte de ces deux principaux arguments en deux paragraphes : une thèse construite sur les limites de la thèse de l'innocuité (1), une thèse construite sur des travaux scientifiques (2).

Paragraphe 1 : Une thèse construite sur les limites de la thèse de l'innocuité

Certaines de ces limites sont propres aux travaux scientifiques et à leur interprétation. Quant aux autres limites, elles leur sont étrangères. Dans le premier cas, les limites sont intrinsèques (A) et dans le second extrinsèques (B).

A – Les limites intrinsèques

Elles concernent l'interprétation de certains résultats d'études, le temps d'incubation des pathologies et les biais dus à l'extrapolation.

Toutes les études concluant à l'inexistence de lien entre radiofréquences et pathologies ne sont pas si rassurantes, en raison de la part importante d'ambiguïté contenue dans les termes utilisés pour rendre compte de leurs conclusions.

En effet, nombre d'études importantes dont le rapport final rallie la thèse de l'innocuité comportent pourtant des cas faisant le lien entre exposition aux champs électromagnétiques (CEM) et affections diverses. C'est le cas de l'étude Interphone sur le gliome. Une des études sur cette maladie révèle qu'il existe une augmentation du risque de gliomes (plus de 40 pourcent) et de méningiomes (plus de 15 pourcent) pour les utilisateurs les plus intensifs du téléphone mobile (en moyenne trente minutes par jour pendant plus de dix ans)[179]. Une des études épidémiologiques sur le neurinome de l'acoustique indique un risque accru associé à l'usage ipsilatéral du téléphone durant au moins une période de dix ans[180].

Alors que plusieurs études sur des rates gestantes, des embryons de poule, sur des humains (adolescents) ont révélé des effets sur le développement[181], la conclusion concernant les effets sanitaires finale a été exprimée en termes de : « effet envisageable », « possible », « absence de preuves significatives »[182]. Aussi des études sur des fonctions majeures du corps humain : la reproduction[183], l'apoptose, la mélatonine[184]

---

179 E. VERDEUN, Les radiofréquences et la santé, Thèse de doctorat en sciences pharmaceutiques, Université de Bordeaux, 2015, p. 60.

180 Une dizaine de publications d'une équipe de chercheurs suédois montre une association entre l'usage des téléphones portables et les tumeurs cérébrales. Observation confirmée par l'étude Interphone, notamment pour les gliomes et le neurinome. V. G. COUREAU, Effets sanitaires des champs électromagnétiques et tumeurs du système nerveux central, Thèse de doctorat en épidémiologie, Université de Bordeaux 2, 9 décembre 2013, p. 16.

181 Respectivement : fréquence de micronoyaux (cancérogènes), augmentation de la mortalité chez les embryons exposés et trouble du processus cognitif chez les sujets exposés. N. KUBAN, Op. cit., p. 50.

182 Rapport de l'AFSSET. Mise à jour de l'expertise relative aux radiofréquences. 2009. pp. 194-200.

183 Certaines des études coordonnées par l'AFFSET ont montré la diminution de la qualité des spermatozoïdes (mobilité, viabilité) chez les utilisateurs réguliers de mobile. Rapport de l'AFSSET. Mise à jour de l'expertise relative aux radiofréquences. 2009. pp. 200-204.

184 L'apoptose est un processus de mort cellulaire auto-induite par la cellule, entrainé par un vieillissement cellulaire ou un stress. Mais le processus est sujet à des perturbations. En effet un excès d'apoptose (excès de mort cellulaire) peut engendrer des pathologies, essentiellement les maladies neurodégénératives comme par exemple la maladie d'Alzheimer. De plus, un déficit de ce processus va provoquer une prolifération de cellules anormales devant logiquement être éliminées, comme par exemple les cellules potentiellement cancéreuses. Quant à la mélatonine, c'est l'élément du corps qui régule le sommeil. N. KUBAN, Op. cit., pp. 45-53. V. aussi E.

etc. ont-elles révélé l'existence d'effets sanitaires, bien que les rapports de synthèse aient employé des terminologies qui à défaut de dire exactement le contraire, sèment flou et doute ; ils illustrent la marge d'inexactitude dans les sciences dites pourtant exactes. Un personnage éclairé à leur encontre, a bien posé le diagnostic : elles évoluent car elles ne sont sûres de rien.

Il est soutenu également que les tumeurs cérébrales : gliome, neurinome de l'acoustique etc. sont des pathologies à évolution lente dont le temps de latence est long. Ainsi les neurinomes et gliomes sont souvent présents, durant plusieurs années précédant le diagnostic, sans être détectables[185]. Le temps de latence pour qu'un cancer se développe : souvent plus de dix ans et pour le cerveau vingt-cinq ans[186]. Les risques accrus de cancer, annoncés pour les personnes exposées à la fumée dégagée par l'incendie des tours du World Trade Center, se confirment bien d'années après ; les milliers de cas de cancer (plus de trente mille) et autres pathologies graves, déjà enregistrés à la dix-huitième commémoration de cette tragédie, soit un peu moins de vingt ans après, témoignent du caractère "sournois" des tumeurs carcinogènes.

L'étude Interphone ayant concerné des utilisateurs cumulant au maximum dix ans d'utilisation de téléphone portable, cela pourrait expliquer la conclusion de la majorité des recherches. Cette étude précisément a fait l'objet de critiques de la part même des spécialistes du bioélectromagnétisme, défini comme cette

---

VERDEUN, Op. cit., pp. 55-56 ; M. BLANK, Ces ondes qui nous entourent. Ce que la science dit sur les dangers des rayonnements électromagnétiques, Montréal, Éd. Écosociété, 2016, pp. 98-99.

185 M. BLANK, Op. cit., p. 69.

186 Dans le cas des maladies de l'amiante, la particularité des maux réside dans un temps de latence assez long (le mésothéliome se déclare 30 à 50 ans après une première exposition). C'est pourquoi, au 21è siècle, on continue à compter par milliers les victimes de l'amiante, pour un produit généralement interdit d'usage depuis les années 1980. O. HARDY-HÉMERY, « Dangerosité, désinformation et compensation dans l'industrie de l'amiante en France. La firme Eternit, 1922-2006. », Université Charles-de-Gaule/Lille 3, 2006, p. 25.

science nouvelle qui étudie les effets des rayonnements électromagnétiques (REM). Selon BLANK, considérant tous les vices dans la conception de Interphone, « l'étude et ses conclusions sont presque totalement dénuées de toute valeur scientifique. Interphone n'a pas nécessairement été conçue pour produire des données erronées. Cependant, si quelqu'un voulait mettre sur pied une étude qui générerait des résultats largement inutilisables, la conception d'Interphone constituerait un modèle efficace »[187]. Il est reproché aussi aux études concluant à l'innocuité, les erreurs dues à l'extrapolation entre l'homme et l'animal[188], puisque la plupart des recherches utilisent comme échantillon des animaux et des mannequins.

La poursuite d'études d'ampleur parmi lesquelles figure celle de l'OMS[189], témoigne de ce que, ces travaux sur lesquels est érigée la doctrine de l'innocuité, laissent subsister des craintes et interrogations. Parmi elles, la question des effets à long terme, résultant d'une exposition de longue durée. Car, faut-il indiquer, la thèse de l'innocuité, ne répond que des effets que peuvent engendrer des expositions de court terme (le temps d'exposition aux fréquences radio des sujets des études se situent généralement dans une période maximale d'une dizaine d'années).

B – Les limites extrinsèques

Elles concernent l'influence des opérateurs de la téléphonie mobile sur les institutions, sur des travaux de recherches, le profil

187 M. BLANK, Op. cit., pp. 163-166.

188 « Ces valeurs limites ont été fondées sur les résultats d'études (la plupart sur le modèle animal). Les seuils ont été définis avec des précautions d'extrapolation du modèle animal à l'homme. Les limites ont ainsi été définies en fonction du seuil établi chez l'animal ». G. COUREAU, Op. cit., p. 25.

189 Projet international EMF de l'OMS, l'étude MOBI-KIDS de l'UE, l'étude COSMOS (lancée en 2009, ses résultats sont attendus pour 2040, soit 30 ans de durée)… conçus pour éclairer davantage sur les effets à long terme.

de certains tenants de la thèse de l'innocuité, l'évolution de la position officielle, les sciences et les précédents.

Les institutions officielles : OMS, CIPRNI, etc. sont taxées d'être inféodées aux fabricants des technologies et aux opérateurs du sans-fil[190]. Il est reproché aux lobbys de l'industrie, de commanditer des études[191] dans le but de créer le doute et de retarder par ce fait toute évolution, de nature à mettre en harmonie la règlementation[192] avec le déversement sans cesse, des sources de champs d'onde dans l'environnement.

Selon les statistiques, la majorité des études financées par l'industrie conclut que les CEM dégagés par les technologies mises à la disposition du public sont inoffensifs ou ont tout au plus de très faibles effets thermiques. Curieusement, ces études concluent neuf fois plus à l'absence d'effets que celles à

---

190 La plupart des dirigeants de la CIPRNI ayant fait les recommandations de VLE sont au cœur de conflits d'intérêts. M. BLANK, Ces ondes qui nous entourent. Ce que la science dit sur les dangers des rayonnements électromagnétiques, Montréal, Éd. Écosociété, 2016, p. 14. M. BLANK parle de « l'influence des ressources financières sur le débat scientifique ». Selon lui, « la grande majorité des individus convaincus de l'innocuité des CEM n'agissent pas consciemment sous cette influence ». M. BLANK, Op. cit., Préface.

191 Les résultats du programme de recherche dit WTR (Wireless Technology Research) effectué sur fonds d'une association regroupant des industriels du sans-fil ont étonnamment eu comme suite la cessation des travaux de recherche et la mise à feu du laboratoire du chercheur le dirigeant. Faut-il le souligner, cette étude a révélé que les radiofréquences créent des lésions à l'ADN. Un scientifique a même dit de ce programme dont les résultats ont été décevants pour les industriels, qu'il était « caractérisé par un climat généralisé de corruption et de tromperies chaotiques ». M. BLANK, Op.cit., pp. 126-129. Pour des exemples d'études orientées, voir : M. BLANK, Op. cit., pp. 137-140.

192 « L'industrie n'a pas mené des recherches pour découvrir la vérité ; elle l'a fait pour générer suffisamment de doutes afin de saper l'argumentaire de n'importe quel opposant et bloquer ainsi toute action ». ». M. BLANK, Op. cit., p. 152. Ce fut le cas de l'étude dite CEFALO dont les résultats sont sortis juste après la cancérogénicité potentielle des radiofréquences reconnue par l'OMS. PRIARTEM, « Lettre de Priartem 27 », Ibid., consulté le 15/02/2019.

financement public ou caritatif. A en croire une méta-analyse, trente-trois (33) pourcent des études financées par les industriels montrent des effets sur l'organisme, contre quatre-vingt-deux (82) pourcent des études sur fonds publics ou caritatifs[193].

Dans une note interne, un personnage de l'industrie du tabac soutint en 1969 : « Le doute est notre produit puisqu'il est le meilleur moyen de lutter contre l'accumulation de faits [reliant le tabagisme à la maladie] qui existe dans l'esprit de la population. C'est aussi le moyen pour susciter la controverse.[194] » Il s'agit comme l'a expliqué un auteur, de créer un doute sur les accusations de risque pour la santé[195].

C'est à peu près ce que la sociologie des sciences appelle, la production volontaire d'ignorance scientifique. Le *modus operandi* consiste pour les acteurs économiques à ralentir la production de connaissances potentiellement gênantes, à faire en sorte que les progrès scientifiques soient les plus lents possible, voire que l'on reste dans un état de méconnaissance par rapport aux dangers de tel produit ou de tel processus industriel[196].

On dénonce la participation au débat sur les effets des champs électromagnétiques, de certains scientifiques : les ingénieurs (la majorité des participants au débat), en raison de leur formation de base, laquelle n'a pas pour orientation les préoccupations

193 « Sur 23 études épidémiologiques, les études de moindre qualité, qui n'atteignaient pas les meilleurs standards scientifiques, étaient principalement financées par l'industrie. Les autres ont montré une importante association nocive, surtout pour les tumeurs cérébrales ». M.BLANK, Op. cit., pp. 140-141.

194 M. BLANK, Op. cit., pp. 150-152 et p. 78.

195 D. MICHAELS, Le doute est leur produit, USA, Oxford University Press, 2008.

196 E. HENRY, Ignorance scientifique et inaction publique, Paris, Presses de Sciences Po, 2017, pp. 10-11.

sanitaires[197] et leur manque de neutralité [198]. Sans oublier, la responsabilité des universités, lesquelles favorisent la dysharmonie de la réponse scientifique. Car, comme martèle BLANK : « Les universités sont en grande partie responsables de cette situation. Malgré leur couverture complète des connaissances humaines, elles segmentent ce savoir entre facultés et départements au point où un individu qui obtient un diplôme en génie électrique est très souvent ignorant des autres domaines de la science, et particulièrement de la biologie et de la médecine.[199] » Cette spécialisation a des avantages mais aussi des inconvénients qui préjudicient à la science tout comme à la société. Elle peut fortifier un département universitaire, mais affaiblit la capacité de la société à gérer des problèmes interdisciplinaires. Elle facilite ensuite l'émergence dans les entreprises d'une culture interne qui protège en fait des intérêts commerciaux, et d'une vision-tunnel qui permet de ne voir que ce que l'on veut.[200] » Tout cela crée évidemment, du doute dans la parole scientifique[201], même officielle.

Depuis 2011 cependant, l'OMS a fait évoluer sa position, en reconnaissant qu'il y a une possibilité que les ondes de la gamme des radiofréquences soient oncogènes. Cette reconnaissance conforte la position du Conseil européen, la jurisprudence de la cour de cassation italienne[202] et des tribunaux français. Si les

---

197 « La grande majorité des individus (scientifiques) convaincus de l'innocuité des CEM ont été formés en ingénierie seulement ». M. BLANK, Op. cit., Ibid.

198 « Nous nous trouvons dans la situation actuelle parce que les systèmes électriques et électroniques sont conçus par des ingénieurs. La grande majorité d'entre eux sont payés par des corporations, publiques ou privées, auxquelles ils doivent allégeance». M. BLANK, Op. cit, Préface.

199 M. BLANK, Op. cit., Préface.

200 M. BLANK, Op. cit., Ibid.

201 Dans l'extrait d'un article, Maître O. CACHARD dénonçait même le détournement de la méthode épidémiologique par des scientifiques pour aboutir à des résultats orientés. O. CACHARD, « La preuve des risques associés à l'exposition aux champs électromagnétiques », La Semaine Juridique, Edition Générale, n° 37, 11 septembre 2017, Extrait.

202 En Italie, le 12 octobre 2012, la Cour de cassation a confirmé un arrêt de la cour d'appel de Brescia du 10 décembre 2009 reconnaissant le caractère de

rapports d'expertise collective sur l'ensemble des applications utilisant des radiofréquences publiés par l'Agence française d'évaluation des risques en 2009 et 2013 n'ont pas préconisé la révision des valeurs limites, l'Agence a recommandé, dans son avis daté de juin 2016, de reconsidérer « les niveaux de référence visant à limiter l'exposition environnementale aux champs électromagnétiques radiofréquences (liée aux sources lointaines), afin d'assurer des marges de sécurité suffisamment grandes pour protéger la santé et la sécurité de la population générale, et tout particulièrement celles des enfants ». Les autorités françaises ont demandé, en conséquence, à la Commission européenne d'examiner l'opportunité de réviser la recommandation du Conseil de l'Union européenne du 12 juillet 1999 ; celle-ci a indiqué, d'une part, que la Commission internationale de protection contre les rayonnements non ionisants qui avait estimé en 2009 qu'il n'y avait pas lieu de modifier les valeurs reprises par la recommandation [valeurs transposées par les Etats membres], a engagé une révision de ses propres conclusions concernant les hautes fréquences ou radiofréquences [...][203]. Ces positions accréditent la thèse de la nocivité, puisque désormais, à défaut de l'avoir ralliée complètement, l'Organisation mondiale de la santé et ces personnes morales ne soutiennent plus l'idée de l'innocuité des CEM liés aux radiofréquences.

Les branches du savoir scientifique auxquelles fait appel le sujet des ondes, enseignent que les composantes du corps appelées « cellules » génèrent des ondes indispensables au bon fonctionnement de l'organisme. Cette production interne de rayonnements, fait de l'intérieur de l'organisme humain un

---

maladie professionnelle a une tumeur au cerveau affectant un cadre qui, du fait de son activité professionnelle, avait été contraint de faire un usage intensif de son téléphone portable à raison de cinq à six heures par jour.(...). Dans le même sens, Tribunal administratif fédéral d'Allemagne, Leipzig, arrêt du 10 avril 2014. Pour les précisions : CACHARD (Olivier), « Ondes magnétiques, une pollution invisible », « http://www.monde-diplomatique.fr/2017/02/CACHARD/57119 », consulté le 20/03/2019.

[203] ANSES, Rapport d'expertise collective « Exposition aux radiofréquences et santé des enfants », 2016, p. 15.

champ électromagnétique (un lieu où il y a propagation d'ondes)[204]. Le problème, depuis la révolution technologique, l'organisme est soumis à une pléiade d'ondes, non naturelles, c'est-à-dire artificielles, créant un champ nouveau, auquel l'organisme est soumis. Le corps, lieu de champ électromagnétique naturel, se voit de ce fait imposé un champ supplémentaire, un champ extérieur et artificiel, à l'origine duquel, la pléthore d'inventions, conçues a priori pour des préoccupations d'ordre économique et non la satisfaction des besoins d'ordre énergétique du corps. Si déjà, les ondes naturellement reçues par les êtres vivants, sont susceptibles de nuire à leur état de santé, dans certaines conditions, c'est qu'il y a un fort potentiel de risques inhérents aux ondes artificielles. Il est généralement admis dans toutes les branches de la connaissance, que l'artificiel, présente plus de risques que le naturel. Quoique certains soutiennent mordicus encore du caractère totalement inoffensif, des rayonnements artificiels sous les seuils en vigueur, la science toxicologique apprend qu'il n'existe pas d'agents sans aucuns impacts[205].

Enfin, l'histoire regorge de cas où des produits longtemps considérés comme non toxiques – et cela par des sommités scientifiques[206] –, se sont révélés hautement toxiques alors même qu'ils ont déjà entraîné des drames sanitaires sans précédent. Les citoyens français n'ont certainement pas oublié qu'en 1997 seulement, la France interdisait l'utilisation de l'amiante alors

---

204 Center Blog, « Energie scalaire », « http://energiescalaire.centerblog.net/3-energie-scalaire », consulté le 24/06/2019.

205 M. BLANK, Op. cit., Préface.

206 Dans le cas déjà confirmé de la nocuité du tabac, « ... des expériences menées sur des souris (...) ont largement publicisé la théorie que l'usage de la cigarette est lié (...) au cancer du poumon (...). Bien que conduites par des médecins réputés, ces expériences ne sont pas considérées concluantes du point de vue de la recherche sur le cancer (...) En même temps, nous avons le sentiment qu'il est dans l'intérêt public d'attirer l'attention sur le fait que d'éminents médecins et chercheurs scientifiques ont publiquement remis en question la prétendue importance de ces expériences ». M. BLANK, Op. cit., p. 153.

qu'un inspecteur du travail constatait la surmortalité d'ouvriers exposés à cette dernière en 1906. La cancérogénicité de l'herbicide dit « glyphosate » n'a été reconnue par la justice – justice américaine – que récemment[207], bien que depuis le 20 mars 2015, le Centre de Recherche sur le Cancer (CIRC) l'a fait, en le classant dans la catégorie 2A[208] des agents cancérogènes. Dans le même temps, l'industrie fabricante et des chercheurs défendent toujours son manque de nuisance à l'environnement et à la santé. Tous ces facteurs conjugués, fondent le Projet international EMF (*Electromagnetic Fields*), la proactivité de bien de pays sur les effets des CEM et confortent la thèse de la nocuité qu'il sied à présent de présenter à travers des travaux l'accréditant.

[207] C'est le 10 août 2018 que pour la première fois, un système judiciaire (ici la justice américaine) reconnait la nocuité de l'herbicide. C'est un jardinier atteint d'un cancer en phase terminale après des années d'épandage sans grandes précautions du produit contesté qui a gagné ce procès. Ont suivi deux lourdes condamnations à dédommager des personnes atteintes de cancer. Dans la plus récente (lundi 13 mai 2019), la justice américaine a condamné la société productrice de l'herbicide controversé (Bayer : une société pharmaceutique et agrochimique allemande) à verser deux milliards de dollars à un couple.

[208] La catégorie 2A comporte les agents probablement cancérogènes.

Paragraphe 2 : Une thèse construite sur des travaux scientifiques

A l'image de la doctrine de l'innocuité, celle postulant de la nocuité des champs électromagnétiques (CEM) est le fruit de travaux de recherches dont les plus représentatifs au plan international, sont ceux dont a fait rapports le groupe BioInitiative et ceux conduits par le *National Toxicology Program* (NTP) aux États-Unis. On va les nommer rapports externes sur la caractérisation de la nuisance des radiofréquences (B). Au plan national, force est de remarquer une étude (la seule effectuée)[209] dont le point des résultats sorti en 2018, mérite attention. On va le nommer rapport d'enquête interne sur la caractérisation de la nuisance des antennes relais de la téléphonie mobile (A), puisque les enquêteurs se sont intéressés particulièrement à ces sources.

A – Le rapport d'enquête interne sur la caractérisation de la nuisance des antennes relais

A l'origine de l'enquête, un Docteur en géosciences de l'environnement et aménagement de l'espace, spécialiste des risques et catastrophes et son équipe. L'enquête a couvert plus de la moitié des communes du Bénin, soit 41 communes. Les grandes agglomérations où la proximité des habitations et des personnes est plus grande sont présentes dans le lot : Cotonou, Abomey-Calavi, Parakou... L'échantillon (les enquêtés) est composé de 391 individus de diverses tranches d'âge (moins de 18 ans à plus de 45 ans) et des deux sexes, vivant dans le voisinage de relais GSM et/ ou de lignes électriques à haute tension. Le voisinage considéré va de « très proche », « proche », « éloigné » à « très éloigné ».

Le rapport conclut : « La proximité aux relais GSM est un facteur déterminant de trouble de sommeil, de trouble de mémoire, de douleur à la tête, de trouble de fertilité, de trouble de virilité, de

---

209 E. B. (SOHOU) et al., (2018), Caractérisation de la nuisance des relais GSM et des hautes tensions électriques de la CEB au Bénin.

trouble neurologique, de trouble de colère, de palpitation cardiaque, de douleur articulaire, de trouble d'appétit et de cancer. » Sur cette dernière pathologie tumorale, les enquêteurs précisent : « 2 individus de moins de 25 ans, l'un très proche de relais GMS et l'autre très proche de ligne haute tension de la CEB (Centrale Electrique du Bénin) ont le cancer du cerveau. »

Cette restitution pour le moins alarmante, a motivé un recours devant la Cour constitutionnelle[210]. C'est un recours pour inconstitutionnalité de l'installation de relais GSM en pleine agglomération sur des toitures de maison au Bénin et inconstitutionnalité du manque de responsabilité sociétale de la « Centrale Electrique du Bénin » pour l'exposition chronique des populations aux rayonnements des lignes de haute tension électrique. La requête a été introduite en août 2018. La Haute juridiction n'a pas encore décidé plus d'un an après. C'est pourtant de bon droit qu'elle a été saisie. Conformément à la loi fondamentale, la Cour constitutionnelle « garantit les droits fondamentaux de la personne humaine » (article 114) que sont : le droit à l'environnement (article 27), le droit à un procès équitable (article 17)[211] etc. Le délai écoulé depuis la plainte viole en principe la loi n° 91-009 du 04 mars 1991 portant loi organique sur la Cour constitutionnelle modifiée par la loi du 31 mai 2001.

La loi organique en son article 25 dispose : « La Cour constitutionnelle doit prendre sa décision dans un délai de trente jours. » Pour un recours déposé le 09 août 2018, le délai de trente jours est largement dépassé. C'est une entorse à l'encontre « de

210 Le recours n° 1646/243/REC/-18.

211 Le droit à un procès équitable est reconnu par d'autres instruments juridiques. La Déclaration universelle des droits de l'homme, adoptée par l'Assemblée générale des Nations Unies le 10 décembre 1948 en son article 1O : « Toute personne a droit, en pleine égalité, à ce que sa cause soit entendue équitablement et publiquement par un tribunal indépendant et impartial… » ; il en va de même de l'article 6 (alinéa 1er) de la Convention de sauvegarde des droits l'homme et des libertés fondamentales, encore appelée Convention européenne des droits de l'homme.

ce qui constitue aujourd'hui la pierre angulaire des procédures juridictionnelles »[212] : le droit à un procès équitable.

Dans la jurisprudence de la Cour européenne des droits de l'Homme, le droit à un procès équitable se décline en plusieurs autres droits, dont celui à un procès public, conduisant à un jugement rendu dans un délai raisonnable[213]. Ce " démembrement " du droit, est solennellement affirmé à l'alinéa premier de l'article 6 à la Convention européenne des droits de l'homme : « Toute personne a droit à ce que sa cause soit entendue équitablement, publiquement et dans un délai raisonnable. » Celui-ci est perçu comme « le temps légitime, légalement fixé ou non, accordé au juge pour statuer définitivement sur un contentieux.[214] » Dans le cas d'espèce, le délai est fixé légalement. Il est de trente jours au sens de la loi organique sur la Cour.

Vu comme garantie fondamentale d'une bonne justice, la violation du droit à un procès équitable, peut entraîner la mise en œuvre de la responsabilité de l'Etat, pour fonctionnement défectueux du service public de la justice. Il peut être caractérisé dans l'espèce du recours pendant devant la Cour, par la durée " excessive " de la procédure.

Les perturbations sur le bien-être imputées aux pylônes GSM dans l'enquête, sont suffisamment graves, pour que la Haute juridiction se prononce dans un délai raisonnable, afin de sauvegarder s'il y a lieu, le droit à l'environnement des riverains aux sources de rayonnements visées par l'enquête. Ces troubles allégués, viennent en complément aux restitutions internationales sur la nocivité des ondes propagées par les moyens de télécommunication et autres facteurs de rayonnements.

---

212 S. GUINCHARD et T. DEBARD, Op. cit., p. 688.

213 Idem.

214 S. GUINCHARD et T. DEBARD, Op. cit., p. 284.

B – Les rapports externes sur la caractérisation de la nuisance des radiofréquences

Sur le plan international, de la multitude de rapports présentés, deux mettent singulièrement en avant les effets sanitaires des champs électromagnétiques de notre environnement, sous les normes de la Commission internationale de protection contre les rayonnements non ionisants ; c'est les rapports BioInitiative (1) et des études du *National Toxicology Program* (2).

1 – Les rapports BioInitiative

Ces rapports publiés en août 2007 puis en 2012 par le *BioInitiative Working Group*, ont réuni des scientifiques dits indépendants – indépendance par rapport aux milieux industriels notamment de la téléphonie –, spécialistes dans la recherche sur les effets des émanations des technologies servant dans les télécommunications. Le rapport de 2007 est l'aboutissement du passage en revue de plus de 1500 travaux publiés. Il met en avant des conclusions bien moins rassurantes et demeure le plus inquiétant en termes de nocivité des ondes électromagnétiques car les scientifiques démontrent de nombreux impacts négatifs des radiofréquences : antennes relais de la téléphonie mobile et téléphones[215].

En effet, ils rapportent la fragilisation de la barrière hémato-encéphalique[216], des effets génétiques, génotoxiques : des

---

[215] G. COUREAU, Op. cit., p. 80.

[216] La barrière hémato-encéphalique est une structure critique du cerveau qui empêche sa pénétration par des toxines qui peuvent être mortelles pour les tissus cérébraux. A cet effet, elle fait office de protection, de filtre. L'exposition à des ondes radio de niveau extraordinairement faibles peut ouvrir cette barrière, particulièrement celle des enfants, la rendant «perméable» et permettre aux toxines de traverser directement le cerveau, ce qui peut entraîner des lésions nerveuses et la mort neuronale. Sa porosité est un facteur favorisant pour la survenance de l'élecrohypersensibilité (une allergie aux ondes électromagnétiques), de la sclérose en plaques. C. BORDES, Loc. cit., consulté le 15/03/2019 ; CCAVES, Loc. cit., consulté le 15/11/2018. R.

perturbations non réparables de l'ADN[217], des effets sur le rythme cardiaque avec des risques d'AVC (Accident vasculaire cérébral), des effets déclenchant des processus de mise en œuvre des protéines de stress, un risque accru de cancers cérébraux, des altérations du système immunitaire, des modifications du taux de production de la mélatonine et des processus de développement de la maladie d'Alzheimer.

Le processus dit de mise en œuvre des protéines de stress est un système de défense de l'organisme qui se déclenche lorsque celui-ci est sujet à des agressions extérieures. Il lui permet d'éviter aux cellules des dommages susceptibles de survenir par cette agression. Son déclenchement sous les ondes utilisées dans les télécommunications signifie que ces rayonnements ne sont pas si inoffensifs.

Le rapport a été validé et soutenu par la haute autorité européenne : l'Agence Européenne de l'Environnement (AEE), et également validé par le Parlement Européen par un vote le 04 septembre 2008.

Le groupe de travail BioInitiative a réalisé un nouveau rapport en 2012. Ce rapport se base sur 1800 nouvelles études scientifiques. Il estime que les risques pour la santé que font encourir les radiofréquences se sont accentués depuis 2007. Ces risques se résument par un développement accru de gliomes, une perturbation du développement cérébral chez les jeunes enfants ou une altération du système de reproduction[218]. Ce nouveau rapport a été aussi validé par le Parlement européen. Il dénonce tout comme le premier l'inadaptation des normes et appelle à leur révision. Si ces comptes-rendus d'études peuvent paraître

---

FORGET, Portables et antennes, mauvaises ondes, Paris, Sang de la Terre, 2010, p. 61.

217 Acide Désorybonucléique. R. FORET, Dico de Bio, 2è éd., Bruxelles, Ed. De Boeck, 2006, p. 22.

218 A. GEST, Les incidences éventuelles sur la santé de la téléphonie mobile, 2009, pp. 163-164 ; Rapport de l'AFSSET. Mise à jour de l'expertise relative aux radiofréquences. 2009. pp. 322-324.

lointaines, il y en a de plus récents : le rapport d'études du *national Toxicology Program* (NTP) en date de novembre 2018.

2 – Le rapport d'études du *National Toxicology Program*[219]

Ce rapport fut le fruit de dix années d'études expérimentales, portant sur des rats et souris, exposés chroniquement à des ondes des 2ème et 3ème générations (2G et 3G) de la téléphonie sans fil. Initiée en 2003, cette étude coûteuse – (30 millions de dollars dépensés) – menée par la plus haute agence fédérale (aux États-Unis d'Amérique) en la matière, avait pour objet de vérifier s'il y a un lien de causalité entre exposition aux ondes et cancer. A l'issue des recherches, les résultats publiés le 02 novembre 2018, crédibilisent davantage, la thèse de la cancérogénicité des radiofréquences.

En effet, ce rapport du Programme national de toxicologie américain révèle en utilisant l'expression « *clear evidence* » – « preuves évidentes » – expression de certitude, que l'apparition de tumeurs cancérogènes au niveau du cœur chez les rats mâles, est due à leur exposition aux ondes radio des deuxième et troisième générations de la téléphonie mobile[220]. Des preuves sont par ailleurs relevées concernant les tumeurs cérébrales et des glandes surrénales. Le NTP en déduit que l'exposition de longue durée aux irradiations des deuxième et troisième systèmes (2G et 3G) de la téléphonie a des effets athermiques.

Le déploiement amorcé dans certains pays des antennes de la cinquième génération de la téléphonie sans fil (5G) est

---

219 En fançais Programme national de toxicologie. C'est un programme fédéral des États-Unis, fonctionnant comme un consortium inter-agences et piloté par le département de la Santé et des Services sociaux des États-Unis. Il publie régulièrement des rapports concernant le caractère toxique, cancérigène ou mutagène de produits chimiques, mais aussi d'exposition à la radioactivité ou aux ondes utilisées dans le domaine des télécommunications.

220 *Radiation at a frequency (900 MHz) and modulations (GSM and CDMA) used by cell phones, November 2018*, pp. 12-15.

dénoncé[221]. La 5G serait plus à même de nuire à l'environnement et à la santé. Un collectif de scientifiques (plusieurs centaines) vent debout contre ce déploiement, a lancé un appel à l'OMS pour alerter sur les risques[222]. Il est envisageable que par l'effet de mode et face aux impératifs de développement économique, l'on importe dans nos pays cette dernière génération de la téléphonie sans études préalables.

Le rapport du NTP vient en complément à d'autres études accablantes pour les ondes radio et les industriels. On peut citer l'étude REFLEX[223], l'étude TNO[224], l'étude épidémiologique indienne[225] montrant l'effet génotoxique des antennes relais sur les riverains, à des niveaux d'exposition au-dessous des seuils réglementaires[226]. Le Docteur Martin BLANK, chercheur réputé

---

221 EXOPORTAIL, « https://exoportail.com/la-suisse-freine-le-deploiement-de-la-5g/ », consulté le 07/05/20.

222 Magazine « Environnement », de TV5 MONDE in « Le journal international », diffusion du 20 novembre 2019 sur le thème : Alerte sur les risques du déploiement de la 5G.

223 Financée par l'UE et ayant mobilisé une douzaine de laboratoires.

224 Réalisée sur fonds du gouvernement hollandais et montrant une diminution générale du bien-être à 0,7V/m (exposition maximale à 1V/m) après 45 minutes (mn) d'exposition sous des signaux de téléphonie mobile. Robin des Toits, « http://www.robindestoits.org/Rapport-TNO-rapport-gouvernemental-Hollandais-Septembre-2003_a144.html », consulté le 1er/02/19.

225 Etude dont le rapport est paru en novembre 2017. Le niveau maximal d'exposition chronique ayant conduit a des effets génotoxiques dans cette étude ne dépassait pas 1, 7 V/m, très en dessous alors des seuils limites dont le plus bas est pourtant de 41 V/m pour le GSM 900 (téléphonie mobile 2G). V. PRIARTEM, « http://www.priartem.fr/Riverains-d-antennes-relais-ADN-en.html », consulté le 20/01/2019 ; CCAVES, Loc. cit., consulté le 15/11/2018.

226 On peut y ajouter, l'étude Hardell (2013), CERENAT (réalisée en France de 2004 à 2006), l'étude Lerchl de 2015 montrant le lien entre tumeurs cérébrales et exposition chronique à faible dose à des radiofréquences réglementaires. Dans l'étude Lerchl, les animaux ont été soumis à une exposition cinq fois inférieure au DAS réglementaire. Il en résulte que les VLE en vigueur et recommandées par la CIPRNI ne sont pas si protectrices. V. PRIARTEM, « http://www.priartem.fr/IMG/pdf/Annexe_1_-

dans le domaine, parle de perturbations sur le métabolisme[227] et autres répercussions sur l'organisme[228]. Des changements qui, s'ils ne sont pas immédiatement pathogènes, prédisposent à diverses affections. L'épigénétique[229] enseigne que lorsqu'on expose l'entièreté de l'espèce humaine à un signal qui perturbe le métabolisme, cette exposition peut entrainer des modifications qui persisteront chez nos enfants pendant des générations[230]. Ces études ne sont pas exemptes de toutes critiques[231].

_Analyse_etude_Lerchl_2015.pdf », consulté le 07/08/2019, PRIARTEM, « http://www.priartem.fr/IMG/pdf/Annexe_2__Etudes_re_centes_RF_et_canceroge_nicite_.pdf », idem ; le vaste programme d'étude financé par les 26 plus grosses firmes de la téléphonie mobile, le Wireless Technology Research. V. R. FORGET, Portables et antennes, mauvaises ondes, Paris, Sang de la Terre, 2010, pp. 58-67.

227 Ensemble des transformations et des transferts nécessaires qui se déroulent de manière ininterrompue dans l'organisme vivant. R. FORET, Dico de Bio, 2è éd., Bruxelles, Ed. De Boeck, 2006, p. 347.

228 « Les CEM produisent des changements métaboliques, des effets sur l'efflux de calcium, sur les radicaux libres, sur l'ADN et sur la génétique des cellules cancéreuses. Beaucoup de ces effets s'expliquent par l'altération des ponts hydrogènes, qui dépendent de la mobilité d'électrons et de protons libres, présents dans le matériel biologique. Les conséquences sont des risques de cancer et de maladies chroniques, spécifiquement pour les tissus qui dépendent de grandes quantités d'énergie comme le cerveau, le cœur, le système immunitaire, de même que des effets à long terme sur la physiologie humaine par le biais de l'épigénétique d'adaptation ». M. BLANK, Ces ondes qui nous entourent. Ce que la science dit sur les dangers des rayonnements électromagnétiques, Montréal, Éd. Écosociété, 2016, Préface.

229 L'épigénétique, c'est la science qui étudie l'influence des facteurs environnementaux sur l'expression des gènes. R. FORET, Op. cit., p. 218.

230 M. BLANK, Op. cit., Ibid.

231 Les critiques vont surtout à l'encontre des études observationnelles ou épidémiologiques, plus nombreuses. On leur reproche d'être possiblement entachées de biais susceptibles de fausser les résultats (exemple de biais : le biais de confusion : celui-ci est envisagé lorsqu'un facteur externe intervient dans l'étude et est susceptible de fausser l'estimation de l'effet de l'exposition sur la maladie.) V. J. LABARERE, Interprétation d'une enquête épidémiologique : type d'enquête, notion de biais, causalité, 2004. M. G. COUREAU soutient que le classement en possiblement cancérogène, tient au

A preuve, elles n'ont pris en compte tout comme la thèse de l'innocuité, que des expositions de court terme[232]. N'empêche qu'elles trouvent écho auprès d'institutions comme le Conseil de l'Europe (CE). En 2011, dans sa résolution 1815 sur le danger potentiel des champs électromagnétiques et leurs effets sur l'environnement, le CE affirme : « Si les champs électriques et électromagnétiques de certaines bandes de fréquence ont des effets tout à fait bénéfiques, qui sont utilisés en médecine, d'autres fréquences non ionisantes, que ce soient les extrêmement basses fréquences, les lignes électriques ou certaines ondes à haute fréquence utilisées dans le domaine des

---

fait qu'il existe actuellement davantage d'arguments épidémiologiques que biologiques sur l'effet carcinogène des champs électromagnétiques. Les études expérimentales sont en fait plus probantes. G. COUREAU, Effets sanitaires des champs électromagnétiques et tumeurs du système nerveux central, Thèse de doctorat en épidémiologie, Université de Bordeaux 2, 9 décembre 2013, pp. 15-16. Tout de même, la méthodologie des recherches épidémiologiques a évolué minimisant les biais et rendant plus crédibles les résultats. G. COUREAU, op. cit., pp. 36-37. De même, les études biologiques concluant à la nocuité des radiofréquences se font nombreuses : PRIARTEM, « http://www.priartem.fr/Ondes-et-tumeurs-Des-preuves.html », consulté le 21/12/2018. V. également l'explication des mécanismes d'action des CEM par le Docteur Luc Montagnier, Prix de Nobel de médecine et le Professeur Dominique Belpomme. CCAVES, Loc. cit., consulté le 15/11/2018. L'épidémiologie a démontré par le passé son efficacité. Avec cette science, il a été établi depuis 1962 que l'amiante est cancérigène. Ce qui a été contesté par les industriels, notamment par des biologistes. L'histoire a donné raison à l'épidémiologie, puisque plus tard, toute la communauté scientifique et les politiques se sont accordés sur la nocivité de l'amiante. Même scénario quand il s'est agi de démontrer la nuisance du tabac. O. HARDY-HÉMERY, Loc. cit., Université Charles-de-Gaule/Lille 3, 2006, pp. 20 et 24. Dans l'extrait d'un article, son auteur dénonçait même le détournement de la méthode épidémiologique, par des scientifiques pour aboutir à des résultats orientés. O. CACHARD, « La preuve des risques associés à l'exposition aux champs électromagnétiques », La Semaine Juridique, Edition Générale, n° 37, 11 septembre 2017, Extrait.

232 Ce qui ne pose pas véritablement problèmes, puisque si l'exposition à court terme a des effets athermiques, c'est que l'exposition sur une longue période en a aussi probablement.

radars, de la télécommunication et de la téléphonie mobile, semblent avoir des effets biologiques non thermiques potentiels plus ou moins nocifs sur les plantes, les insectes et les animaux, ainsi que sur l'organisme humain en cas d'exposition à des niveaux inférieurs aux seuils officiels.[233] » Invitant à en tenir compte, il ajoute que le fait d'attendre d'avoir des preuves scientifiques et cliniques solides avant d'intervenir peut entraîner des coûts sanitaires et économiques très élevés, comme ce fut le cas dans le passé avec l'amiante, l'essence au plomb et le tabac.

Autant de raisons pour que ces études soient prises très au sérieux, dans un pays comme le Bénin – consommateur de technologies et sans véritable politique de gestion des risques –, encore plus que dans les pays producteurs des sources d'irradiation. Il se doit pour ces raisons, de renforcer le dispositif de protection des personnes contre les effets des RNI.

233 PRIARTEM, « Lettre de Priartem 27 », Ibid., consulté le 15/02/2019.

CHAPITRE 2 :

Les pistes de renforcement du dispositif de protection

Le régime juridique béninois contre les effets des champs électriques, magnétiques et électromagnétiques de 0 à 300 GHz, comme vu précédemment, quoique neuf, est déjà assez vieux de par son mimétisme qui l'a conduit à transposer purement et simplement des normes en plein réexamen. Il présente des faiblesses, susceptibles de compromettre la réalisation de la mission de protection et appelle des mesures de correction. Elles vont passer par le renforcement de la protection, un renforcement nécessaire, au double plan politico-juridique et institutionnel. C'est le bien-fondé de ce dernier chapitre, organisé en deux sections : un renforcement nécessaire aux plans politico-juridique (1) et institutionnel (2).

Section 1 : Un renforcement nécessaire au plan politico-juridique

Le Bénin nourrit de grandes ambitions en matière de TIC : faire du Bénin à l'horizon 2021 « la plateforme des services numériques de l'Afrique de l'ouest » et à l'horizon 2025 le « quartier numérique de l'Afrique ». Comme il a été déjà relevé, les impacts environnementaux et sanitaires de ces programmes de développement en cours de réalisation, ne sont pas si maîtrisés et pris en compte. Les règles existant, bien que issues de textes récents, présentent des faiblesses importantes. Cette section va consister à faire des apports sur les plans politique (paragraphe 1) et juridique (paragraphe 2).

Paragraphe 1 : Au plan politique

Les effets sanitaires de l'exposition aux champs électromagnétiques (CEM) s'inscrivent dans une problématique de santé environnementale et devraient constituer une priorité pour les politiques technologiques. C'est le cas même dans les pays ayant connu déjà des avancées technologiques considérables. Malgré cela, la maîtrise des effets athermiques associés aux technologies, en plein déploiement au Bénin, n'est pas au cœur des divers programmes de développement numérique. C'est pourquoi, il faut que le Bénin mette en place un plan d'action relatif à la téléphonie mobile.

Ici, le mimétisme aurait tout son sens : en tant que consommateur de technologies étrangères, il est convenable que le pays adopte les politiques étrangères de contrôle des effets secondaires associés. Le plan d'action doit permettre d'initier et de soutenir la recherche sur les effets sanitaires des rayonnements électromagnétiques. Depuis 1968, – année internationale des droits de l'homme – l'Assemblée générale de l'Organisation des Nations Unies (AG/ONU) a fait sienne, à travers une résolution, l'idée que les effets des inventions de la science nécessitent « des études sur le plan national que sur le plan international »[234]. Or, l'Etat béninois n'a aucune politique de recherche en bioélectromagnétisme. Même les entités universitaires compétentes *rationae materiae*[235] pour mener des travaux sur le sujet, ne disposent d'aucune étude dans ce sens. Aucun programme d'enseignement n'aborde les effets des technologies sur l'environnement surtout dans sa composante humaine[236].

Pour la cohérence et la crédibilité des résultats de recherches, elles doivent réunir tous les départements universitaires concernés. La recherche en bioélectromagnétisme est une recherche pluridisciplinaire par essence, ce qui implique que les biais possibles sont multiples si les différentes compétences ne sont pas réunies[237]. Ce trait figure parmi ceux que doivent revêtir les recherches de cette nature d'après les Nations Unies, à savoir : des recherches « interdisciplinaires, menées de façon approfondie et continue »[238].

---

234 M. ADEYEMAN, Op. cit., p. 2.

235 Départements de GE (Génie électrique), GIT (Génie Informatique et Télécommunications), GEn (Génie de l'Environnement) à l'EPAC (Ecole Polytechnique d'Abomey-Calavi), FSS (Faculté des Sciences de la Santé), FAST (Faculté des sciences et Techniques), FASHS (Faculté des Sciences Humaines et Sociales) à l'Université d'Abomey-Calavi.

236 Qu'il s'agisse des cours de compatibilité électromagnétique à l'EPAC, à la FAST, de droit de l'environnement à la FADESP (Faculté de droit et de science politique), à la FASHS.

237 I. LAGROYE, Etude des effets biologiques des champs électromagnétiques non invasifs, Diplôme d'Habilitation à Diriger les Recherches, Paris, Ecole Doctorale de l'Ecole Pratique des Hautes Etudes, 2009, p. 7 ; M. BLANK, Ces ondes qui nous entourent. Ce que la science dit sur les dangers des rayonnements électromagnétiques, Paris, Ed. Ecosociété, 2016, Préface.

238 M. ADEYEMAN, Op. cit., Ibid. A. PERRIN et M. SOUQUES (dir.), Champs électromagnétiques, environnement et santé, 2è éd., Paris, edp sciences, Coll. InterSections, 2018, p. 21.

Le financement de ces travaux futurs, doit se faire sur fonds publics, pour garantir l'indépendance des chercheurs, vis-à-vis des opérateurs et rendre les résultats crédibles[239].

Le plan envisagé doit permettre également d'asseoir une plus grande transparence dans le processus d'installation et ou de modification des stations relais. A juste titre, certains pays ont mis en place un régime spécifique d'information des populations concernant le péril électromagnétique des sources radioélectriques[240]. En témoignent en France, la création du portail interministériel " *Radiofréquences santé-environnement* ", du " *Service national d'assistance sur les champs électromagnétiques* ", du " *Comité national de dialogue sur l'exposition publique aux ondes électromagnétique* "[241], d'un observatoire des investissements et des déploiements dans les réseaux mobiles : "*Observatoire 2G, 3G, 4G* " etc. qui tous, œuvrent pour dresser un panorama complet des informations sur le sujet et à communiquer les actualités, par la

239 Comme sus-indiqué, curieusement, la majorité des études effectuées sur fonds des industriels concluent à toute absence d'effets des CEM ou tout au plus, à de très faibles effets thermiques. M.BLANK, op. cit., pp. 140-141.

240 En France, au plan local, la loi n° 2015-136 du 9 février 2015 relative à la sobriété, à la transparence, à l'information et à la concertation en matière d'exposition aux ondes électromagnétiques prévoit une série de dispositions de nature à améliorer l'information locale des maires et des habitants en amont de l'implantation ou de modification substantielle d'installations radioélectriques soumises à autorisation ou avis de l'ANFR :
- Information de la collectivité locale dès la phase de recherche de site : la personne souhaitant exploiter, sur le territoire d'une commune, une ou plusieurs installations radioélectriques soumises à accord ou à avis de l'ANFR en informe par écrit le maire ou le président de l'intercommunalité dès la phase de recherche du lieu d'implantation.
- Renforcement de l'information locale : la transparence de l'information intervient à deux niveaux : information de la collectivité locale par l'exploitant et information des habitants par la collectivité. Il faut ajouter la mise à jour régulière des connaissances scientifiques sur le sujet des ondes, à travers des publications de l'ANSES.

241 Portail interministériel français " *Radiofréquences santé-environnement* ", « www.radiofrequences.gouv.fr », consulté le 16/10/2018.

mise à disposition du public d'informations fiables, aux moyens d'échanges, de concertation…

Un moyen de parvenir à la transparence, est de rendre publics les niveaux d'exposition[242]. L'Etat se doit d'encourager le libre accès à l'information à tous et d'éviter la rétention de l'information, pratique très courante dans les administrations béninoises[243], au mépris de la Constitution qui prévoit le « droit d'accès à l'information » et de la loi n° 2015-07 du 20 mars 2015 portant Code de l'information et de la communication qui dispose : « Tout citoyen a le droit d'accéder aux documents ou aux renseignements détenus par un organisme public ou par ses agents dans l'exercice de leurs fonctions. » Il doit promouvoir la vulgarisation des préoccupations environnementales et faire en sorte que l'information environnementale circule à tous les niveaux[244]. Selon les recommandations issues de l'Appel

---

242 Exemple pris du système français de protection dans la transparence. Tous les résultats des mesures effectuées sont mis en ligne pour l'information des exposés V. ANFR, « http s://www.cartoradio.fr/index.html#/ », consulté le 23/11/2018.

243 Les demandes d'information sous forme de questionnaires adressées à l'institution publique de contrôle du respect des VLE : l'ARCEP-BENIN sont restées lettres mortes. Ce silence ou manque de communication n'est pas un gage de transparence dans la mise en œuvre de la réglementation par cet organisme. Au contraire, il est caractéristique des politiques silencieuses « *quiet politics* » – élaborées en marge des règles de transparence –, propices à faire prévaloir les intérêts économiques sur tout autre ; il traduit la faveur dont peuvent bénéficier les multinationales dans des Etats. L'accès à l'information étant l'opportunité pour le chercheur de découvrir s'il y en a, des lacunes et la condition sine qua non pour lui d'émettre des critiques et suggestions, si l'accès ne lui ait pas donné, ces possibilités sont exclues ou amoindries. Loin d'être un bon procédé, ce silence favorable à la dissimulation de réalités désastreuses dans la protection, sert les intérêts des multinationales, à l'affût de situations nationales confortables – réglementation molle et " épouvantail " , absence ou peu de prise de conscience des risques liés à l'exposition aux ondes électromagnétiques, leur banalisation, endormissement de la conscience sur ces risques… – pour se déployer au maximum.

244 P. S. ADIGNINFOUN et Y. T. ISSA, Analyse critique du cadre institutionnel de la protection environnementale au Bénin, Mémoire de

international lancé en février 2016, par 220 scientifiques de 42 pays, en direction des Nations-Unis et de l'OMS : « Le public devait être pleinement informé sur les risques potentiels pour la santé de l'énergie électromagnétique et devrait être formé aux stratégies de réduction des nuisances. » Au Bénin, c'est loin d'être le cas. Les sensibilisations sur les effets des ondes sont plutôt rares et orientées principalement non pas sur la connaissance des risques mais plutôt sur les offres et stratégies commerciales des opérateurs, etc[245]. Cette manière de procéder, qui relève plus de la " banalisation des risques " que de leur prévention, est notoire dans les Etats africains où les politiques et l'opinion publique restent le plus souvent indifférentes à des alertes, sur la dangerosité de produits sur le marché.

En 2015, le Bénin a manqué son adhésion officielle à l'initiative Partenariat pour un Gouvernement Ouvert (PGO), en anglais *Open Government Partnership* (OGP). C'est une Organisation internationale visant à faire de l'àccès à l'information publique et de la transparence, des outils de lutte contre la corruption et de développement intégral humain. L'adhésion au PGO présente un avantage important : « elle connecte l'adhérent à un réseau d'alliés dotés d'une expérience précieuse dans la poursuite d'un objectif commun d'un gouvernement plus ouvert ». Le PGO repose sur une gouvernance collégiale associant administrations et société civile. Il compte en 2016 plus de 70 pays membres. La cause principale de l'échec de la candidature béninoise est l'absence d'une législation spécifique d'accès à l'information publique. En octobre 2019, la Coalition des Organisations de la Société Civile, a lancé une pétition en ligne nommée : « Pétition

---

Maîtrise Es-Sciences juridiques, Abomey-Calavi, FADESP, UAC, 2004-2005, p. 59.

245 On note une sensibilisation de l'Autorité de Régulation en date d'octobre 2015 en collaboration avec les ACP (Associations de Consommateurs Partenaires) et des séances à Abomey-Calavi (Sô-Ava, Ouèdo…) en priorité sur l'utilisation des téléphones portables et accessoirement sur effets des RNI. Magazine d'informations de l'ARCEP-BENIN/ N° 001, pp. 25-28.

aux députés de l'Assemblée Nationale », pour qu'ils votent une « loi spécifique d'accès à l'information publique »[246].

L'information est un outil privilégié pour jouir du droit à l'environnement, quand on ignore être créancier d'un droit, il devient impossible d'en revendiquer la consommation. C'est pourquoi, la réalisation du droit à un milieu de vie sain, doit commencer d'abord par la réalisation du droit à l'information environnementale ; elle passe par la vulgarisation des principaux textes qui encadrent les émissions de radiations non ionisantes auprès des personnes exposées, afin de les impliquer dans leur respect. Vu le rôle cardinal qu'il joue dans l'effectivité des autres droits, le Docteur Boutros Boutros-Ghali, ancien Secrétaire général de l'ONU, eut ces mots justes : « On a depuis longtemps reconnu qu'un élément essentiel de la protection des droits de l'homme était une connaissance répandue parmi la population de leurs droits et de la manière dont ils pouvaient être défendus ». Si déterminante est cette prérogative reconnue par le Droit, pour la jouissance des droits, que le 17 novembre 2015, l'Organisation des Nations Unies pour l'Education, la Science et la Culture (UNESCO) a adopté la résolution 38 C/70, proclamant le 28 septembre comme Journée Internationale de l'Accès Universel à l'Information (JIAUI).

Le droit à l'information a pour sièges juridiques, autres que ceux cités précédemment, la Charte africaine des droits de l'homme et des peuples (article 9), la convention d'Aarhus du 25 juin 1998 sur l'accès à l'information, la participation du public au processus décisionnel et l'accès à la justice en matière d'environnement[247].

---

246 OSC (Organisations de la société civile), www.petitionenligne.com/chers _maintenant_lacces_a_linformation_publique_au_benin : consulté le 12/10/19.

247 La résolution 59 (I) de l'Organisation des Nations Unies en date du 14 décembre 1946, laquelle stipule que : « la liberté de l'information est un droit fondamental de l'homme et la pierre de touche de toutes les libertés à la défense desquelles se consacrent les Nations Unies ; la liberté de l'information implique le droit de recueillir, de transmettre et de publier les nouvelles en tout lieu et sans entraves » ; la Déclaration universelle des droits de l'homme

Sa mise en œuvre dans la clarté est avantageuse, à la fois pour les politiques technologiques et les sujets de droit.

En effet, cela constitue une barrière aux éventuelles i*nfox*[248] sur les effets des ondes, est à même de réduire de potentielles futures actions citoyennes contre le déploiement des facteurs environnementaux d'exposition, et du coup, permet de ne pas rejeter le progrès sur des bases infondées. Qu'on le veuille ou non, ces inventions de la science font partie désormais de notre vie et vivre sans elles serait d'un regrès préjudiciable.

L'accès à l'information peut prévenir ou réduire l'emprise des *intox* et constitue un moyen de participation des citoyens à l'action environnementale, en vertu du principe de participation, contenu dans la Déclaration de Stockholm en ses Principes 4 et 19, celle de Rio de 1992, en son Principe 10[249]. C'est en vertu de ces principes que dans plusieurs pays, notamment occidentaux, des citoyens et des groupements de défense de l'environnement s'efforcent d'influer sur le choix de l'emplacement et la conception de centrales électriques d'industries ou d'aéroports. Ils tentent par là, d'infléchir les décisions et les normes arrêtées par les pouvoirs, ils se font porte-parole de l'intérêt général ; la nature même du problème environnemental appelle une réponse fondée sur la participation[250] définie par Madame KROMAREK

(article 19), adoptée le 10 décembre 1948 ; la convention européenne des droits de l'homme (CEDH) du 04 novembre 1950, telle qu'amendée par le Protocole n° 16 (article 10), entré en vigueur le 1er août 2018 etc. sont autant de textes qui prévoient ce droit à l'information.

248 Encore appelées *fake news* ou *intox*, les *infox* sont de « fausses informations propagées […] dans des buts différents. Certaines ont pour objectif de tromper le lecteur ou d'influencer son opinion sur un sujet particulier. D'autres sont fabriquées de toute pièce avec un titre accrocheur pour augmenter le nombre de […] » de lecteurs. J.-M. PANAZOL (dir.), La famille Tout-Écran, 2è éd., Paris, CLEMI / RÉSEAU CANOPÉ, 2019, p. 94.

249 La convention d'Aarhus du 25 juin 1998 sur l'accès à l'information, la participation du public au processus décisionnel et l'accès à la justice en matière d'environnement ; la Déclaration d'Helsinki de 1975 (point 5).

250 P. S. ADIGNINFOUN et Y. T. ISSA, Analyse critique du cadre institutionnel de la protection environnementale au Bénin, Mémoire de

ainsi : « […] un droit, un moyen de réduire l'aliénation des citoyens ne disposant pas de pouvoirs et de faire en sorte que les décisions gouvernementales reflètent les choix du peuple »[251].

Au Bénin, l'implication effective du public prend la forme d'audience publique, une étape de la procédure d'étude d'impact environnemental[252]. C'est un creuset qui permet aux citoyens de s'informer sur les projets susceptibles d'avoir des impacts environnementaux et d'émettre leurs appréhensions et opinions.

Considérant l'inévitable développement du réseau électromagnétique artificiel et l'état actuel des rapports des citoyens avec les sources de rayonnements électromagnétiques, il va falloir œuvrer pour faire de l'éducation sur les effets des ondes une priorité. Ceci doit concerner par exemple, les gestes de bon usage des téléphones sans fil, la réduction de l'exposition personnelle.

Le partage des infrastructures, limitant la multiplication inutile des stations de base de téléphonie doit être encouragé puisqu'il réduit aussi l'expansion des sources d'ondes radioélectriques[253].

La portabilité des numéros mobiles (PNM) doit être aussi encouragée afin de réduire la multiplication des téléphones portables et par voie de conséquence, des sources d'ondes pour les utilisateurs, sachant que les téléphones sans fils constituent une plus grande source d'exposition, qui plus est, sont très près du corps[254]. Le code du numérique définit la portabilité des numéros comme la possibilité pour un utilisateur d'utiliser le

---

Maîtrise Es-Sciences juridiques, Abomey-Calavi, FADESP, UAC, 2004-2005, pp. 61-62.

[251] P ROMAREK (Dir.), Environnement et droits de l'homme, Paris, UNESCO, 1987, p. 40.

[252] Art. 96 ; 92 et s. de la loi n° 98-030 du 12 février 1999 portant loi cadre sur l'environnement en République du Bénin, JORB, n° 9, du 1er mai 1999, p. 352.

[253] Article 72 du code du numérique.

[254] C. BORDES, Loc. cit., consulté le 15/03/2019.

même numéro d'abonnement, indépendamment de l'opérateur chez lequel il est abonné et même dans le cas où il change d'opérateur[255]. En plus d'avoir des avantages économiques certains : la conservation des frais d'achat de SIM (Subscriber Identity Module), la facilité de recourir aux services de l'opérateur offrant les meilleurs coûts et prestations, elle limite indirectement les déchets électroniques et les facteurs d'exposition, l'usager n'étant plus tenu d'avoir autant de portables qu'il y a d'opérateurs.

[255] Art. 1er du Code du numérique en vigueur au Bénin.

Paragraphe 2 : Au plan juridique

Sur ce plan, il faut avant tout, veiller au respect de la réglementation en vigueur. Cela revient à la mise en conformité des sources d'ondes aux textes. Dans cette logique, les textes d'application (le guide fixant les périmètres de sécurité autour des antennes, la décision fixant les signalisations sur site et mesures de protection des travailleurs sur site, l'accord fixant les conditions d'octroi d'autorisation par les autorités locales,...) doivent être pris.

La présence des signalisations à toute son importance. C'est un moyen d'éviter les risques liés à l'incompatibilité de certains dispositifs médicaux (pacemaker, appareils auditifs, prothèses...) intégrés dans le corps, à l'exposition à certains niveaux de rayonnements[256]. Pour ce qui est de l'autorisation d'installation des sites radioélectriques par les autorités locales, il est prévu que « les conditions de délivrance de l'autorisation, sont définies dans un accord entre l'Association Nationale des Communes du Bénin et l'ARCEP-BENIN »[257]. La limitation à ces deux parties de la fixation des conditions n'est pas de très bon augure pour l'établissement de conditions véritablement propices au droit à l'environnement ; précédemment il a été souligné que les collectivités territoriales en l'état actuel de la réglementation sont plutôt intéressés par les droits qu'ils perçoivent sur les relais GSM et que la mission de « valorisation du domaine public hertzien » a des visées – économiques – qui sont dans la réalité, aux antipodes de la réalisation d'une mission environnementaliste. En ne réunissant que des acteurs mus par ces objectifs, le ‟ bipartisme ‟ que véhicule la loi est déséquilibré. Pour établir

---

256 Annexe de l'arrêté du 8 octobre 2003 relatif à l'information des consommateurs sur les équipements terminaux radioélectriques, JORF, n° 17247, du 9 octobre 2003.

257 Art. 6 de l'arrêté interministériel n° 054/MS/MDGL/MCVDD/MENC/DC/SGM/DRC/SA du 14 juillet 2016 portant conditions d'implantation des stations radioélectriques en République du Bénin.

l'équilibre, il faut élargir les parties à l'accord, en incluant les associations de défense des droits de l'homme.

Dans la perspective de réforme du régime juridique, il faut augmenter le périmètre de sécurité entre les lieux de vie abritant les personnes sensibles (femmes enceintes, mineurs, personnes âgées) et les lobes principaux des antennes relais (cent mètres actuellement)[258] au nom du principe de précaution, lequel contraint à des mesures de protection sévères face à l'absence de certitude scientifique sur les facteurs de risques. Sous des systèmes juridiques externes, plusieurs juges des référés ont fait interdiction d'implanter des antennes de téléphonie mobile ou ordonné leur démantèlement sur le fondement de ce principe[259]. Pour les personnes de la même catégorie, ayant leurs domiciles dans le voisinage des stations relais, en particulier face aux lobes principaux de ces relais, il faut prévoir des contrôles médicaux comme il est prévu actuellement au bénéfice des individus faisant objet d'exposition professionnelle.

Considérant aussi le manque d'expertise du Bénin, sur la base de travaux de recherche internes, la précaution serait l'adoption

---

[258] Un scientifique béninois recommande à raison que les antennes relais soient installées à plus de 300 mètres des écoles, centres de santé et jardins publics. « On a découvert que les individus qui ont vécu à moins de 400 mètres d'une tour de transmission de téléphonie cellulaire pendant au moins dix ans ont un taux de cancer trois fois plus élevé que ceux qui en sont plus éloignés », lit-on dans le rapport de l'étude dite TNO (de l'Etat néerlandais) cité par : Robin des Toits, « http://www.robindestoits.org/Rapport-TNO-rapport-gouvernemental-Hollandais-Septembre-2003_a144.html », consulté le 1er/02/19. Selon cette même étude : « Si l'exposition à un champ GSM ne s'est traduite par aucun effet réellement mesurable, l'exposition aux rayonnements des antennes de 3è génération a, en revanche, provoqué (outre de l'anxiété...) nausée, maux de tête, picotements ou vertiges, problèmes de mémorisation ou d'attention visuelle. » Elle indique une série d'effets indésirables après 45 minutes d'exposition aux ondes de la téléphonie mobile, sous un seuil maximal d'expsosition de 1 volt par mètre. Pour rappel, le niveau d'exposition le plus bas selon la réglementation appliquée au Bénin, est très au-dessus de ce seuil nuisible (1 volt par mètre) selon l'étude TNO : 41 volts par mètre. V. Etude indienne de 2017 citée ci-dessus.

[259] S. GUINCHARD et T. DEBARD, Op. cit., p. 661.

prochaine de valeurs d'exposition restrictives, en application du principe environnemental dit « ALARA » : *As Low As Reasonably Achievable* ; c'est-à-dire du niveau le plus faible raisonnablement possible, prenant en compte non seulement les effets dit thermiques, mais aussi les effets athermiques ou sanitaires des émissions de champs électromagnétiques. Conscient du caractère surranné des normes de protection, la Commission internationale de protection contre les rayonnements non ionisants a initié un projet de lignes directrices en vue de la réforme des limites d'exposition appliquées aux ondes des moyens de télécommunication. Le guide du projet de lignes directrices a été mis en consultation publique « pour recueillir les avis et commentaires des parties prenantes »[260].

Les seuils d'exposition actuels du public aux champs électromagnétiques sont jugés trop élevés. Des niveaux d'exposition des milliers de fois plus faibles que les normes de sécurité actuelles augmenteraient notablement les risques de maladies neurodégénératives (Alzheimer) de même que l'infertilité masculine causée par des spermatozoïdes endommagés. Aucun pays au monde n'aurait jamais dépassé les seuils querellés et ils seraient d'un facile respect par les opérateurs, extrêmement élevés et sans grandes contraintes environnementales qu'ils sont ; ce que justifie le contexte de leur adoption : celui où on ne voyait que progrès dans la technique.

Ces seuils peuvent être révisés à la baisse. En effet, la téléphonie mobile fonctionne ou a déjà fonctionné avec des seuils beaucoup plus faibles dans différentes régions : Valencia en Espagne, Toscane en Italie, Fribourg en Allemagne, Salzbourg en Autriche, etc. Le seuil maximal est fixé à 6 V/m (V/m est lu : volt par mètre) en Russie, à 3 V/m à Bruxelles et à 2 V/m en Argentine. Un téléphone mobile peut fonctionner avec des

---

[260] ANFR, « https://googleweblight.com/i?u=https://www.anfr.fr/toutes-les-actualites/actualites/des-nouvelles-normes-de-sante-en-matiere-dexposition-en-consultation-/&hl=fr-BJ&grqid=8P9ITJAf&geid=1084 », consulté le 17/04/2020.

niveaux d'émission inférieurs aux valeurs du débit d'absorption spécifique en vigueur : il peut fonctionner avec des niveaux proches du mV/m (millivolt par mètre)[261].

En France par exemple où les contrôles d'émission des stations relais ne relèvent pas de dépassement, la ville de Paris et les quatre opérateurs Orange, SFR, Bouygues Télécom et Free mobile ont conclu un accord dit « Charte Parisienne de la Téléphonie Mobile » qui définit des niveaux d'exposition aux ondes inférieurs aux seuils prévus par la réglementation[262]. Cela se justifie, puisque à dire vrai, il n'est pas établi qu'en deçà des seuils recommandés, l'exposition soit sans nuisance. Les VLE ne sont donc pas forcément une panacée contre les effets suspectés, lesquels se confirment même, dans bien de travaux scientifiques[263].

Le cadre juridique devrait par ailleurs contraindre prochainement à l'affichage du débit d'absorption spécifique (DAS) de manière visible et lisible dans les publicités, les lieux de vente ou de distribution des cellulaires[264] et à la mention des précautions

---

261 Exposé des motifs de la proposition de loi de Madame Laurence Abeille relative à l'application du principe de précaution défini par la Charte de l'environnement (droit français) aux risques résultant des ondes électromagnétiques. Cité par Madame VERDEUN. E. VERDEUN, Op. cit., Annexe 2. Proposition finalement adoptée, après modifications, comme : loi n° 2015-136 du 9 février 2015 relative à la sobriété, à la transparence, à l'information et à la concertation en matière d'exposition aux ondes électromagnétiques, JORF, n° 34, du 10 février 2015.

262 Les opérateurs s'engagent à ne pas exposer les Parisiens dans les lieux de vie fermés à un niveau mesuré supérieur à 5 V/m équivalant à 900 MHz pour les 2G et 3G et à 7 V/m équivalant à 900 MHz pour la 4G. Ce dernier seuil est un seuil provisoire en raison du manque d'expérience sur l'évaluation de l'exposition réelle liée à l'arrivée de la norme LTE (4G).

263 Cas de l'étude conduite par le Docteur suédois Lennart Hardell dont les résultats sont présentés en 2008, de l'étude REFLEX, lesquelles démontrent respectivement l'accroissement du risque de tumeurs cérébrales et l'existence d'effets génotoxiques dus à l'exposition chronique aux radiofréquences.

264 V. arrêté du 12 octobre 2010 relatif à l'affichage du débit d'absorption spécifique des équipements terminaux radioélectriques, JORF, n° 37, du 14

d'usage du sans fil[265]. Evidemment, pour s'assurer que le mobile a un DAS conforme, il est impératif de procéder au contrôle technique, effectué en laboratoires. Un droit individuel sans garantie de réalisation étant aléatoire, des sanctions de nature répressive et réparatrice doivent meubler les règles matérielles sur le DAS.

A titre de comparaison, en droit français, des sanctions pénales sont prévues pour le distributeur en cas d'infraction : si le DAS affiché n'est pas le DAS relevé, il y a tromperie. Si de surcroît, il est supérieur au seuil réglementaire, il y a non-conformité. La réforme doit par ailleurs concerner le cadre institutionnel.

---

octobre 2010. Dans le même sens, voir arrêté du 8 octobre 2003 relatif à l'information des consommateurs sur les équipements terminaux radioélectriques, JORF, n° 17247, du 9 octobre 2003.

[265] Arrêté du 8 octobre 2003 relatif à l'information des consommateurs sur les équipements terminaux radioélectriques, JORF, n° 17247, du 9 octobre 2003.

Section 2 : Un renforcement nécessaire au plan institutionnel[266]

Le Bénin n'est pas avant-gardiste en matière de communications électroniques et de la poste (CEP). Tout ce qu'elle fait en matière de CEP est le fruit du mimétisme. Nous avons déjà soutenu que l'Autorité de Régulation cumule trop de prérogatives pour être sur tous les terrains efficacement, que la proposition des valeurs limites par le seul ministère de l'économie numérique et de la communication[267] est arbitraire.

En conséquence, il faut procéder à la revue des attributions institutionnelles (paragraphe 1). Puisqu'il n'y a aucune institution assurant la veille sanitaire, il faut pourvoir le cadre institutionnel d'une institution d'évaluation des risques (paragraphe 2).

Paragraphe 1 : La revue des attributions institutionnelles

Revue ou plus précisément révision, ce réexamen des attributions en question doit s'opérer par l'allègement des attributions de l'Autorité de Régulation (A) et la réforme des dispositions de l'article 30 du code du numérique (B).

A - L'allègement des attributions de l'Autorité de Régulation

Pour opérer cet allègement, il faudrait procéder à la décentralisation de domaines de compétence de l'Autorité de

[266] Les propositions en vue du renforcement ne s'inspirent pas du modèle sous-régional de protection contre les effets des ondes électromagnétiques puisqu'il n'est pas meilleur par rapport à celui du Bénin et ne peut servir alors de vitrine dans le cadre de ce travail de recherche lequel vise *in fine* à contribuer à l'amélioration du système juridique béninois de protection.

[267] Art. 30 al. 3 de la loi n° 2015-20 du 13 juin 2017 portant code du numérique en République du Bénin.

Régulation en dévoluant le domaine du contrôle et de gestion des fréquences à une autre institution créée par la loi.

Cette institution qui n'aura en charge que le contrôle du respect des valeurs réglementaires la ferait plus efficacement. C'est d'ailleurs l'option faite par la France, en instituant une Agence nationale des fréquences (ANFR), chargée de toutes les questions ayant trait au spectre radioélectrique.

Le rôle de cette institution est capital pour la crédibilité du régime juridique de protection des personnes contre les effets des rayons non ionisants (RNI). Quand on prend appui sur l'ANFR, la gestion du spectre radioélectrique a, elle seule, beaucoup d'implications. Il s'agit pour l'organe qui s'en occupe de : fixer les périmètres de sécurité autour des antennes relais, les mesures de sécurité des travailleurs sur site, le protocole de mesure du niveau d'exposition, accréditer les laboratoires de mesure, vérifier la conformité des équipements terminaux aux prescriptions techniques, rendre accessibles les résultats de toutes les mesures d'exposition[268]... A noter que l'Autorité de régulation n'a pas encore pris les décisions qu'elle doit prendre selon la réglementation, pour fixer les périmètres de sécurité autour des antennes, les mesures de sécurité des travailleurs et les signalisations de sécurité sur les sites d'hébergement des installations GSM[269]. L'institution se montre également défaillante à assurer l'information des utilisateurs des réseaux de communications électroniques, quant à la publication périodique de la liste des équipements agréés ou homologués à laquelle la loi l'astreint.

Avec une institution à la mission précise, les personnes pourraient solliciter plus facilement, la mesure de leurs niveaux

---

[268] Tous les résultats des mesures effectuées sont mis en ligne pour l'information des exposés. V. ANFR, « https://www.cartoradio.fr/index.html#/ », consulté le 23/11/2018.

[269] ARCEP-BENIN, « https://arcep.bj/decisions/ », consulté le 03/11/2018.

d'exposition sans devoir passer par la voie de la plainte[270], seul moyen d'obtenir cette mesure actuellement. Pour ce faire, il faut mettre en place un dispositif national de surveillance et de mesure de l'exposition du public.

L'état actuel de la régulation est jugé insatisfaisant quant à la vérification de conformité des niveaux de rayonnements radioélectriques. Le contrôle des émissions provenant des antennes GSM se fait en ciblant un certain nombre d'émetteurs, de sorte que ces contrôles couvrent trop peu de relais. Le dernier rapport d'activités de l'ARCEP-BENIN, en date de 2018, mentionne pour le compte de cette année au total « six missions de contrôle du niveau d'exposition des populations aux effets des rayonnements non ionisants »[271].

Les mesures préconisées ne semblent pas extrêmes, eu égard aux ambitions technologiques du Bénin et au niveau faible de son mécanisme de protection contre les effets qui vont avec.

B – La réforme des dispositions de l'article 30 alinéa 3 du code du numérique

Pour rappel, cet article dispose dans ledit alinéa qu' : « Un décret pris en Conseil des ministres sur proposition du Ministre chargé des communications électroniques fixe les valeurs limites d'exposition aux champs électriques, magnétiques et électromagnétiques. » Le législateur béninois accorde ainsi exclusivement à ce ministère, la prérogative de fixer les

---

270 Décision n° 2016 – 014 – ARCEP/PT/SE /DRP/DMP/DR/DAJRC/GU/ fixant les modalités de saisine et la procédure de traitement des plaintes des utilisateurs des services de communications électroniques et de la Poste. Dans le système français de protection, la mesure de l'exposition peut être sollicitée seulement pour connaître son niveau d'exposition personnel. V. Portail interministériel français “ *Radiofréquences santé-environnement* ”, « http://www.radiofrequences.gouv.fr/faire-mesurer-son-exposition-aux-ondes-a97.html », consulté le 07/03/2019.

271 ARCEP-BENIN, Rapport annuel d'activités 2018, p. 60.

restrictions de base. Or, les préoccupations à la base de l'encadrement des émissions de radiations non ionisantes sont de nature environnementale et sanitaire, même si l'assiette des valeurs limites d'exposition (VLE), c'est les moyens de télécommunication. Or, sans nul doute, les attributions du ministère des TIC sont loin d'être la protection de l'environnement ou de la santé[272].

Les raisons précédentes doivent amener à l'extension de la prérogative de fixation des limites à d'autres acteurs. Les préoccupations d'ordre environnemental et sanitaire relevant des ministères du cadre de vie et du développement durable[273] et de la santé, il faut qu'ils soient aussi impliqués dans l'établissement prochain des VLE, en projetant leur révision. Etant donné qu'il n'y a pas de politique de gestion de risques sans évaluation préalable des risques, on doit mettre en place un organe spécialisé[274].

---

272 V. Décret n° 2016-420 du 20 juillet 2016 portant création, attributions et fonctionnement du Ministère de l'Economie Numérique et de la Communication au Bénin.

273 V. Décret 2016-501 du 11 août 2011 portant attributions, organisation et fonctionnement du Ministère du cadre de vie et du développement durable. V. également le décret n° 2012-272 du 13 août 2012 portant attributions, organisation et fonctionnement du Ministère de la Santé au Bénin.

274 I. LAGROYE, Etude des effets biologiques des champs électromagnétiques non invasifs, Diplôme d'Habilitation à Diriger les Recherches, Paris, Ecole Doctorale de l'Ecole Pratique des Hautes Etudes, 2009, p. 6.

Paragraphe 2 : La création d'institution d'évaluation des risques

Lorsque la réalisation d'un dommage, bien qu'incertaine en l'état des connaissances scientifiques, pourrait affecter de manière grave et irréversible l'environnement, les autorités publiques veillent, par application du principe de précaution et dans leurs domaines d'attributions, à la mise en œuvre de procédures d'évaluation des risques [...] afin de parer à la réalisation du dommage[275].

L'évaluation des risques est définie comme « une démarche méthodique de synthèse des connaissances scientifiques disponibles, en vue d'évaluer les effets sur la santé d'une population, résultant d'une exposition à une substance, un agent ou une situation dangereuse ». L'un des points clés de cette démarche est la distinction entre l'évaluation des risques, qui est du ressort du domaine scientifique la gestion de ceux qui relève de la décision politique. Cette séparation entre l'évaluation et la gestion des risques est nécessaire pour assurer l'intégrité de l'expertise scientifique et ainsi garantir son indépendance et sa transparence. Cette démarche incontournable pour l'efficacité de la gestion des risques liés aux RNI est absente du système béninois de protection. En conséquence, l'essentiel de la réponse aux effets des champs électromagnétiques se limite à la vérification du respect des seuils limites d'exposition (par les antennes relais) dont les insuffisances ont bien été déjà mises à nu. Ce n'est pas pour rien que dans un pays comme la France, de pareilles institutions existent. Ce rôle d'évaluation y est assuré par l'Agence nationale de sécurité sanitaire de l'alimentation, de l'environnement et du travail (ANSES)[276], qui loin d'être une institution de trop, a déjà démontré son utilité de par les rapports

---

[275] Art. 5 de la loi constitutionnelle n° 2005-205 du 1er mars 2005 relative à la Charte de l'environnement, JORF, n° 51, du 2 mars 2005, p. 3697.

[276] V. Ordonnance française n° 2010-18 du 7 janvier 2010 portant création d'une agence nationale chargée de la sécurité sanitaire de l'alimentation, de l'environnement et du travail, JORF, n° 20, du 8 janvier 2010.

réguliers qu'elle produit et les travaux de recherche qu'elle coordonne afin d'éclairer les actions politiques et d'assurer la mise à jour des connaissances scientifiques sur les effets des radiofréquences[277].

Dans ce cadre, il analyse l'ensemble de la littérature scientifique nationale et internationale sur le sujet et effectue un tri pour ne retenir que les études d'une qualité suffisante. L'ANSES publie ainsi régulièrement des rapports dressant l'état des connaissances scientifiques et formulant des recommandations (axes de recherches à développer, réglementation à modifier, bonnes pratiques à mettre en œuvre…).

Il a été déjà souligné que la commission dite « rayonnement non ionisant et santé » prévue par la réglementation béninoise pourrait être amenée à jouer un rôle analogue. Ainsi, si on applique ce modèle à la situation des radiofréquences au Bénin, un tel organe, devrait être en charge de synthétiser toutes les données et mener toutes les actions nécessaires à l'évaluation des risques. Puis, elle devrait transmettre ses conclusions au gouvernement, qui lui prendra, les mesures nécessaires pour gérer les risques, tout en mesurant les conséquences de celles-ci. L'efficacité des conclusions tirées à l'issue des études d'impact sur l'environnement[278], des seuils limites d'émission en dépend fortement.

---

[277] Sur la base de son expertise, elle a recommandé l'abaissement de l'exposition aux ondes radio en 2009 et 2013. Ces recommandations ont motivé l'abaissement des seuils d'exposition dans les milieux de vie fermés dans la ville de Paris. Abaissement contenu dans la Charte parisienne de la téléphonie mobile.

[278] La réglementation béninoise prévoit dans le dossier de demande d'autorisation en vue d'installation des antennes relais une attestation d'étude d'impact sur l'environnement. V. Annexe 1 de l'arrêté interministériel n° 054/MS/MDGL/MCVDD/MENC/DC/SGM/DRC/SA du 14 juillet 2016 portant conditions d'implantation des stations radioélectriques en République du Bénin.

L'évaluation des risque liés aux ondes électromagnétiques constitue un sujet d'étude complexe, puisqu'il nécessite des compétences relevant de domaines différents : médecine, biologie, physique, etc. Le modèle béninois projeté doit alors inclure en son sein, les expertises concernées à l'image de l'ANSES ; elle a créé en 2011 un groupe d'experts pérenne " *Radiofréquences et santé* " dont l'activité d'expertise couvre l'ensemble de ces aspects.

Si l'évaluation des risques est importante pour prendre des mesures de protection optimales, accompagnée de l'évaluation de conformité des sources d'exposition, elle est plus efficace. Cette évaluation-ci s'opère par le contrôle technique[279]. C'est la partie technique du contrôle de conformité, consistant à soumettre à analyses en laboratoires, un échantillon prélevé sur les équipements afin de vérifier leur conformité aux spécifications techniques. Il joue un rôle de filtre, permettant de mettre à la disposition des consommateurs, des équipements électroniques de qualité, puisque la qualité est déterminante dans la quantité de rayonnements propagés par un appareil.

Prenant en compte le constat du secrétariat de la convention de Bâle sur la gestion des déchets d'équipements électriques et électroniques au Bénin[280], et l'inexistence d'organes spécialisés (laboratoires) en contrôle technique, il faut désormais en doter le cadre institutionnel. L'effectivité de cette expertise va permettre la mise sur le marché d'équipements conformes et véritablement

---

279 Art. 3 du décret n° 2016- 445 du 27 juillet 2016 portant régime d'agrément ou d'homologation des équipements terminaux et équipements ou installations radioélectriques en République du Bénin.

280 Ce rapport mentionne en effet, l'introduction frauduleuse d'une partie de ces équipements et la quasi-absence de statistique sur les équipements électriques et électroniques sur le marché.

respectueux des exigences essentielles liées à l'environnement, à la santé et à la sécurité des personnes[281].

Le cumul évaluation des risques et évaluation de conformité des sources, présente un double avantage. Il permet de prendre des mesures de protection appropriées. Il permet l'accès à des technologies propres (moins polluantes), ce qui participe de la réduction des effets des champs électromagnétiques. Les résultats des contrôles d'une agence étrangère des fréquences, convainquent de ce que les mentions de respect des normes sur les notices d'utilisation des téléphones et autres inventions de la science, sont une chose et que leur conformité en état de fonctionnement peut être autre chose.

Dans le cadre de sa mission de contrôle de l'exposition du public aux ondes électromagnétiques et de surveillance du marché, l'Agence française des fréquences (Agence Nationale des Fréquences : ANFR) publie semestriellement, les résultats des mesures de DAS[282] qu'elle réalise sur les téléphones portables commercialisés en France pour s'assurer de leur conformité à la règlementation européenne. Cette publication contribue à l'information du public sur l'exposition due aux téléphones portables. Et c'est loin d'être inutile. A l'issue d'un prélèvement de portables par l'ANFR au premier semestre de 2018, huit ont été mesurés à des niveaux dépassant la valeur du DAS ; deux d'entre eux ont fait l'objet d'un retrait du marché et d'un rappel des exemplaires déjà vendus et les six autres, d'une mise à jour logicielle permettant de rendre conforme à la réglementation le niveau d'émission.

Le contexte béninois de distribution des téléphones portables et l'absence de tout contrôle des quantités d'ondes émises par ces

[281] Art. 3 du décret sus-cité et du décret n° 2017-599 du 21 avril 2017 relatif à la mise à disposition sur le marché des équipements radioélectriques en France, JORF, n° 96, du 23 avril 2017.

[282] Tous les résultats des mesures du DAS sont disponibles en open data. A NFR, « https://data.anfr.fr/anfr/portail », consulté le 18/11/2019.

sources en particulier, appellent dans l'intérêt des consommateurs des services de communications électroniques, que la naissance d'une institution d'évaluation des risques soit accomapagnée de celle d'une institution spécialisée en contrôle technique.

Conclusion

Finalement, face aux sources d'ondes électromagnétiques, il est difficile de soutenir que le régime juridique en l'état, concourt de manière satisfaisante, à la réalisation du droit de l'homme à l'environnement. Cette difficulté a une double origine : interne et internationale.

Dans l'ordre interne, on note au plan politico-économique, la prédominance des programmes de développement économique impliquant l'exposition aux ondes sur la protection des personnes contre leurs effets. Une prééminence caractérisée par des politiques de faveur à l'égard des sources d'ondes et leurs conséquences : la préexistence des sources de rayonnements à la réglementation, l'exonération fiscale et douanière sur tous les équipements de télécommunications, informatiques et audiovisuels, l'absence de statistiques sur les importations d'équipements électroniques, l'introduction frauduleuse de la grande partie de ces équipements... Au plan juridique, les normes de protection tardivement adoptées, n'intègrent pourtant pas, les nouvelles données scientifiques sur les effets des ondes électromagnétiques. Il manque à l'effectivité du système juridique des textes d'application et il n'y a pas de véritable politique de gestion des risques. Une telle politique, si on peut dire qu'elle existe, est limitée au contrôle par l'ARCEP-Bénin du niveau d'émission des antennes relais. En réalité, une politique de gestion des risques efficace a pour préalable l'évaluation des risques. Les recherches sont un élément nécessaire à cette évaluation. Mais le Bénin n'a pas de politique de recherches en la matière. L'institution dont le droit positif projette la création et qui aurait pu jouer le rôle d'évaluateur des risques est inexistante.

Au plan international, le manque de consensus autour des « normes de protection » tout comme la controverse dans l'information scientifique[283], est incompatible avec le terme

---

[283] Une controverse qu'on accuse les multinationales du secteur des sources de rayonnements d'alimenter. Les firmes se sont en effet, illustrées par leur capacité à créer la controverse (entre scientifiques), au moyen du doute, de l'argent, de la manigance, de la dénégation… quand ils mettent à la disposition

« norme », contenu dans l'expression « normes de protection », « terme scientifique » selon le Vocabulaire juridique[284]. Il suffit de méditer le sens qu'en donne la Commission économique pour l'Europe : « Une spécification technique ou autre document accessible au public, établi avec la coopération et le consensus ou l'approbation générale de toutes les parties intéressées, fondée sur les résultats de la science, de la technologie et de l'expérience, visant à l'avantage de la communauté dans son ensemble et approuvée par un organisme qualifié sur le plan national, régional ou international.[285] » La nature du clivage au cœur des normes de protection, leur enlève le « consensus » et à défaut l'« approbation générale » devant les caractériser. Tout de même, le droit à l'environnement est un droit sensible. Les précédents sanitaires, l'intérêt scientifique suscité, l'existence de réglementations restrictives encadrant les émissions de radiation… en disent long.

Le moins qu'on puisse dire à la lecture de la littérature scientifique est que l'environnement lié aux ondes radio ne

---

du public des produits dont la toxicité est révélée ou l'innocuité contestée. V. documentaires de : S. Le GALL, Mauvaises ondes, « https://www.youtube.com/watch?v=KVd3NXvTH4s », consulté le 20/01/2019 ; France 2, La fabrique du doute, « https://www.youtube.com/watch?v=FYnWPcgEqbQ », consulté le 18/07/2019 ; France 2, Le vote impossible, « https://www.youtube.com/watch?v=LN25iA-Oef4 », consulté le 10/03/2019 ; J. HECHES, Ondes, sciences et manigances, « https://www.youtube.com/watch?v=8qD2kmuNYY4 », consulté le 20/01/2019 et P. PEZERAT, Les sentinelles, « https://www.youtube.com/watch?v=rG4qqkW5_38 », consulté le 02/09/2019. D. MICHAELS, Le doute est leur produit, USA, Oxford University Press, 2008. G. BIENNE, La malchimie, Paris, Actes Sud, Coll. « Un endroit où aller », 2019.

284 G. CORNU (sous la dir.), Vocabulaire juridique, 8è éd. mise à jour, Paris, PUF, Coll. « Quadrige », 2007, p. 618.

285 M. KAMTO, Droit de l'environnement en Afrique, Paris, EDICEF-AUPEL, 1996, p. 346.

manque pas de nocuité[286]. Qu'il s'agisse d'organes officiels à l'international, qu'il s'agisse de législations internes[287], tous reconnaissent explicitement et à défaut implicitement,

---

286 On parle d'Intolérance Environnementale Idiopathique (IEI) : Syndrome d'Intolérance aux Champs ElectroMagnétiques (SICEM), d'effets reprotoxiques, mutagènes, cancérigènes, épileptogènes… C'est ce qui résulte de la panoplie d'études évoquées dans ce travail : études indienne, Interphone, NTP… En France, selon une déclaration du Ministère de la Santé de 2008, « Plusieurs études scientifiques parues récemment mettent en évidence la possibilité d'un risque faible d'effet sanitaire lié aux téléphones mobiles après une utilisation intense et de longue durée (plus de dix ans) (...) ». C. BARNIG et F. de BLAY, Loc.cit., pp. 446-450 ; CRIIREM, bulletin Transmission, n° 15, avril 2014, p. 1. Dans l'interprétation du Code de sécurité sociale français (articles L411-1 et L461-1 et s.), version à jour au 10 septembre 2019, la justice de ce pays a au moins par deux fois déjà, admis l'hypersensibilité électromagnétique comme relevant du domaine des accidents du travail et des maladies professionnelles : TASS des Yvelines du 27 septembre 2018, n° 15-00718/V et Tribunal administratif de Cergy-Pontoise du 17 janvier 2019, n° 1608265. En février 2016, 220 scientifiques de 42 pays ont signé un Appel international, en direction des Nations Unies et de l'OMS. Ils y abordent le problème des effets scientifiquement prouvés sur la santé de l'exposition aux CEM. R. FORGET, Portables et antennes, mauvaises ondes, Paris, Sang de la Terre, 2010, p. 67. Au considérant 5° du préambule de sa Résolution 1815 sur le danger potentiel des CEM et leurs effets sur l'environnement, le Conseil de l'Europe préconisant l'application du principe de précaution, invite les Etats membres à prendre en compte non seulement les « effets dits thermiques, mais aussi les effets athermiques ou biologiques des émissions ou rayonnements de champs électromagnétiques ». L'OMS a publié plusieurs études sur le danger sanitaire de la téléphonie mobile. Sur les 23 études référencées dans la base données de l'OMS sur l'exposition professionnelle aux radiofréquences, 19 montrent des augmentations de cancer et leucémies. Voir : Exposition professionnelle aux radiofréquences - Base de données de l'OMS - 18/10/2019. Robin des Toits, « https://www.robindestoits.org/Mises-en-cause-de-l-expertise-officielle-sur-les-dangers-de-la-telephonie-mobile_a546.htm », consulté le 1er/02/19.

287 Code de la santé publique français (Art. L5232-1-1), version à jour au 28 janvier 2016 ; décret n° 2016-1074 du 3 août 2016 relatif à la protection des travailleurs contre les risques dus aux champs électromagnétiques, JORF, n° 0182, du 06/08/2016 (son article 1er aborde les effets biophysiques des CEM en prenant en compte les effets non-thermiques sur l'organisme humain) ; la « loi Abeille » : loi n° 2015-136 du 9 février 2015 relative à la sobriété, à la transparence, à l'information et à la concertation en matière d'exposition aux ondes électromagnétiques, JORF, n° 34, du 10 février 2015…

l'existence de risques, que fait peser sur le plan de la santé (effets athermiques), l'exposition aux ondes[288] ce qui témoigne de l'inadéquation des limites d'exposition recommandées, élaborées à une époque où l'environnement était en général un désert de technologies. On ne peut quand même plus faire machine arrière, l'humanité a mis déjà le doigt dans l'engrenage du tout numérique, avec ses avantages[289] et déconvenues. Notre qualité de vie est devenue largement tributaire des avancées technologiques dues à la maîtrise des ondes, il serait maintenant difficile d'imaginer le retour vers une vie quotidienne sans électricité ni appareil électrique, sans télévision, télécommandes en tous genres, radio ou téléphones sans fil, sans compter les multiples applications médicales[290].

Le comble, c'est l'ignorance des hommes, de leurs droits et devoirs, face aux progrès scientifiques et techniques, lesquels bénéficiant d'un a priori favorable auprès de la masse populaire des sociétés méridionales, s'y implantent le plus facilement possible, sans qu'elle se pose la question de la pertinence du recours au numérique[291].

Dans cette situation, l'ampleur de l'exposition : une exposition multifactorielle illimitée, le manque de crédibilité des

---

[288] J.-M. PANAZOL (dir.), Op. cit., p. 48.

[289] Les sources d'ondes sont utilisées aujourd'hui dans tous les secteurs d'activités parce que l'homme en tire des avantages. Les ondes radio par exemple permettent l'accès rapide à l'information qui est aussi un droit fondamental (art. 8 alinéa 2 de la constitution du Bénin) et recèle une valeur économique, « une marchandise » selon les mots de BORNES. C. BORNES (sous la dir.), Informatique et information scientifique et technique, Paris, INRIA, 1982, Préface.

[290] A. PERRIN et M. SOUQUES (dir.), Op. cit., p. 20.

[291] M. ADEYEMAN, Op. cit., p. 91.

institutions[292], les frontières des sciences dites « exactes »[293], les effets[294] révélés par des études[295], donnent la preuve de ce que les VLE en application au Bénin, ne sont pas si efficaces ; ce qui commande dans un pays consommateur de technologies comme le Bénin, plus encore que dans les vieilles nations industrielles, l'adoption d'un mécanisme de protection plus rigide[296]. C'est un appel à la refonte des normes transposées en droit béninois, pour les rendre restrictives. Les recommandations issues de différentes études[297], le cadre juridico-institutionnel dans les pays fabriquant les sources d'ondes plaident en ce sens.

---

292 L'OMS et les institutions censées défendre le droit de la population à l'environnement seraient fortement influencées par le lobbying industriel de même que les institutions officielles de l'ordre juridique interne. A la veille du difficile classement en 2B des radiofréquences par le CIRC en 2011, des membres du comité d'experts ont été évincés en raison de leurs liens avec l'industrie. V. M. BLANK, Ces ondes qui nous entourent. Ce que la science dit sur les dangers des rayonnements électromagnétiques, Montréal, Éd. Écosociété, 2016, p. 142 ; R. FORGET, Portables et antennes, mauvaises ondes, Paris, Sang de la Terre, 2010, p. 40.

293 Défaillance caractérisée par les fausses assurances données naguère par cette science. L'amiante, le tabac,... ont longtemps été pris pour inoffensifs sur la base d'études scientifiques avant d'être reconnus trop tard comme particulièrement toxiques.

294 Le rapport « Defense Intelligence Agency » de l'armée américaine cité dans le documentaire « Sciences, ondes et manigances », parle d'effets en dessous du seuil thermique pour les agents exposés qui « ont plus de perturbations neurologique, cardiovasculaire et sanguine que le personnel non-exposé ».

295 Etudes dont les rapports sont parfois inconnus du public, dont le financement est parfois coupé, en raison de la révélation de nocuité des CEM par ces recherches M. BLANK, Op. cit., pp.124-132 ; R. FORGET, Op. cit., p. 61.

296 Selon M. LAMBERT : « L'incertitude scientifique sur les effets du progrès technique [devrait imposer] dans le monde en développement, plus encore que dans les vieilles nations industrielles, une observation plus attentive... » V. D-C LAMBERT, Le mimétisme technologique des tiers mondes, Paris, Economica, 1983, p 14.

297 Recommandations du Comité russe de radioprotection sur les effets des champs électromagnétiques sur la santé des enfants et des adolescents, de l'Académie Américaine de Médecine Environnementale (AAEM) qui demande aux médecins de considérer l'exposition aux CEM comme pouvant

Mieux que les pays exportateurs de TIC, il faut alors appliquer le principe de précaution et revoir les valeurs seuils actuelles, car le fait d'attendre d'avoir des preuves scientifiques et cliniques solides avant d'intervenir, peut entraîner des coûts sanitaires et économiques très élevés[298].

L'entrée des ondes servant dans la communication, dans la catégorie des causes du cancer, – même si c'est précisé, possibles sources de cancer – doit amener, à dépasser le simple contrôle de conformité des niveaux de radiations, qui préexistait théoriquement, avant ce classement mortifère. Le dispositif juridique de protection doit intégrer des moyens autonomes d'évaluation du risque et non plus s'inspirer des seules informations données au plan international ; à défaut, la baisse drastique des valeurs limites reste l'option la plus protectrice. L'abandon des normes de la Commission internationale de protection contre les rayonnements non ionisants[299] par des Etats[300] au profit des très restrictives normes russes[301], doit

---

être une « cause sous-jacente du processus de maladie des patients » : R. FORGET, Op. cit., p. 42. V. Priartem, « Lettre de Priartem 27 », Ibid., consulté le 15/02/2019.

297 E. VERDEUN, Op. cit., p. 113.

298 PRIARTEM, Loc. cit., consulté le 15/02/2019.

299 En abrégé CIPRNI.

300 Suisse, Italie, Lituanie, Liechtenstein… Certains pays ont depuis l'origine adopté des mesures plus restrictives : Russie, Belgique, Luxembourg…, se départissant ainsi des normes recommandées par l'OMS. V. Portail interministériel français ‘’ *Radiofréquences santé-environnement* ‘’, « www.radiofrequences.gouv.fr », consulté le 16/10/2018 ; Proposition de loi de Madame Laurence Abeille relative à l'application du principe de précaution défini par la Charte de l'environnement aux risques résultant des ondes électromagnétiques, cité par E. VERDEUN, Op. cit., Annexe. Les valeurs choisies par ces Etats reposent sur l'application du principe de précaution face à d'éventuels risques sanitaires liés à l'exposition aux champs électromagnétiques.

301 Les valeurs limites d'exposition restrictives, ont en commun pour source les normes de protection russes. La Russie est le premier pays à faire les normes dites restrictives (appelées ainsi parce que par rapport aux limitations de la CIPRNI, elles réduisent considérablement les niveaux des émissions

interpeller le législateur, car c'est une reconnaissance de leur pertinence et de l'insuffisance des règles de la CIPRNI à protéger efficacement contre les effets des champs électromagnétiques.

La télédensité d'environ cent pourcent au Bénin, est un indicateur de ce que la problématique des ondes est un sujet d'intérêt général, que nul n'est à l'abri de l'exposition et de ses effets. La part d'incertitude dans la terminologie « possibles sources de cancer » ne peut éluder le devoir pour l'Etat de veiller à la protection de l'environnement. Elle ne doit pas non plus servir à la banalisation des risques. Au contraire, le doute doit bénéficier à la protection des individus. Les classements en sources possibles de cancer sont des classements par défaut. Ils tiennent au fait que dans toutes ses branches d'études de la genèse des pathologies, la science n'a pas encore réussi à découvrir la carcinogenèse des ondes électromagnétiques, c'est-à-dire le processus par lequel les ondes parviennent à provoquer le cancer. C'est ce que Gaëlle COUREAU confirme dans sa thèse : « Ce classement, en possiblement cancérogène, tient au fait qu'il existe actuellement davantage d'arguments épidémiologiques que biologiques sur l'effet carcinogène des champs [élecromagnétiques]. En effet, jusqu'à ce jour, les études expérimentales ne permettent pas d'identifier un mécanisme biologique expliquant les associations observées dans les études

---

d'ondes artificielles dans l'environnement). L'élaboration des restrictions de base y a été effectuée à temps et a suivi une méthode plutôt rationnelle, en faveur de l'environnement et de la santé humaine. Le pays est pionnier en matière de recherches sur les effets des ondes électromagnétiques, que ce soit dans le domaine des nuisances et risques pour la santé ou que ce soit dans le domaine des thérapies. Dès que l'implantation des facteurs d'ondes a commencé à atteindre un certain pic, les Russes ont entamé des études sur leurs effets, cela a commencé dans les années 1950. S'appuyant sur les données issues desdits travaux, ils ont fait des VLE très basses c'est-à-dire très contraignantes ou restrictives (on estime qu'elles le sont à peu près cent fois plus) par rapport à celles proposées par la CIPRNI et observées par nombre d'Etats, y compris le Bénin. En Occident, la démarche inverse a été adoptée. Il a fallu attendre les plaintes contre les lignes électriques, les téléphones… pour initier longtemps après leur mise sur le marché, des études d'impacts sur l'environnement et la santé.

épidémiologiques et permettant d'argumenter un lien de causalité.[302] » Les propositions faites dans ce travail sont de nature à améliorer la protection des personnes face à ces atermoiements de la science ; pour autant, les problèmes que pose la téléphonie vont au-delà des ondes qu'elle émet.

Le téléphone portable en tant que support physique le plus souvent utilisé sans observance des règles d'hygiène, est facilement porteur d'agents pathogènes ; son usage en milieu hospitalier peut être un vecteur de troubles nosocomiaux, surtout avec l'essor des virus manuportables : Ebolavirus, fièvre Lassa, Covid-19 et tout le reste. Toutes choses qui constituent une menace grave et réelle pour le droit fondamental à la santé.

[302] G. COUREAU, Op. cit., pp. 15-16.

Annexes

LISTE DES ANNEXES

Annexe 1- Images de sources d'ondes fournies par l'ARCEP-BENIN.

Annexe 2- Représentations d'émissions d'ondes de téléphones portables (en cours d'appel et de manipulation) et d'antennes relais.

Annexe 3- Limites d'exposition recommandées par l'OMS (1998).

Annexe 4- Décret n° 2015-490 du 07 septembre 2015 portant protection des personnes contre les effets des champs électriques, magnétiques et électromagnétiques de 0 à 300 GHz.

Annexe 5- Images de relais GSM installés en pleine agglomération dans la ville de Cotonou : preuves de la proximité avec le danger.

Annexe 6- Rapport de l'enquête sur la « caractérisation de la nuisance des relais GSM et des hautes tensions électriques de la CEB au Bénin ».

Annexe 1- Images de sources d'ondes fournies par l'ARCEP-BENIN

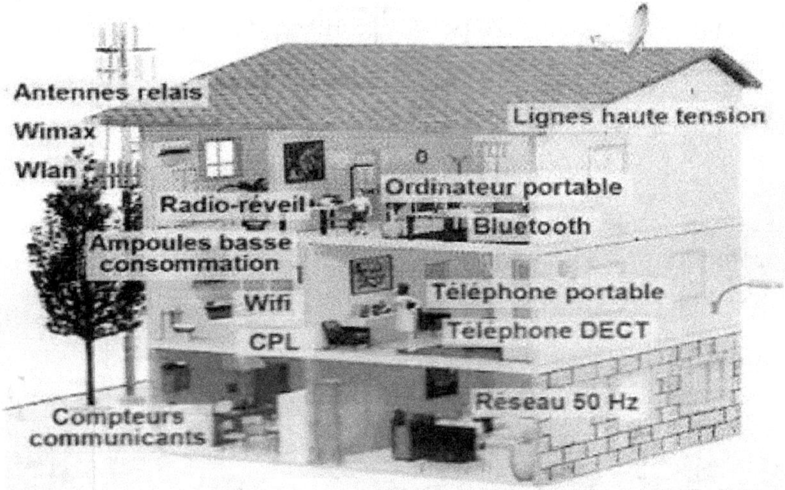

Source : ARCEP-BENIN, Mesures et précautions réglementaires de protection des popultions contre contre les effets des Rayonnements Non Ionisants (RNI), p. 2.

Annexe 2- Représentations d'émissions d'ondes de téléphones portables (en cours d'appel et de manipulation) et d'antennes relais

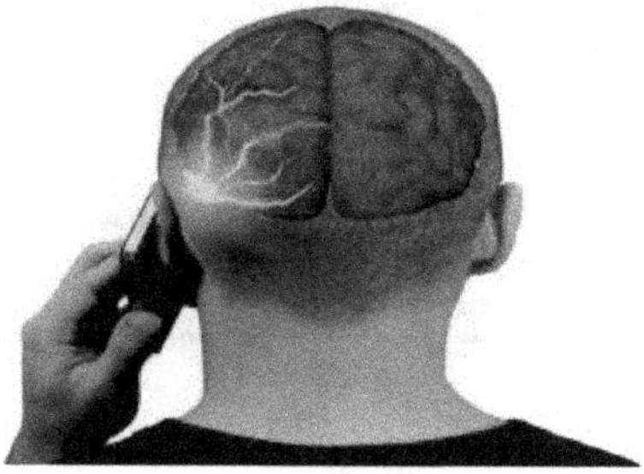

Source : Next-up organisation, « www.next-up.org », consulté le 20/11/2018.

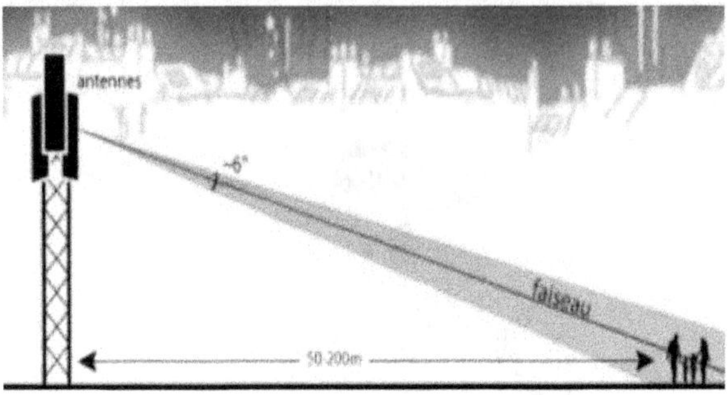

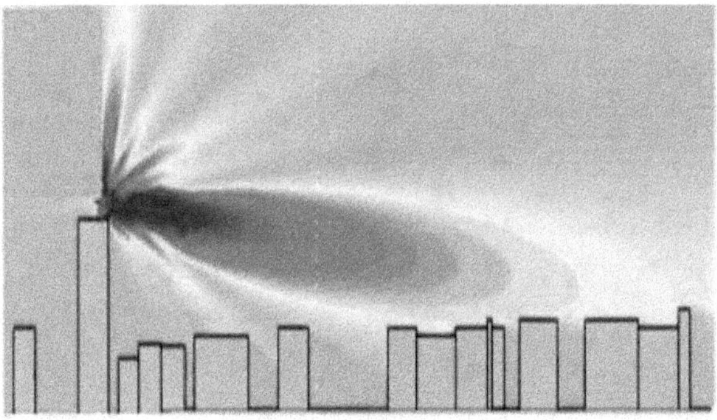

Source : Etude d'impact électromagnétique du projet d'installation d'une antenne relais pour la téléphonie mobile dans la localité SOS AGORI, p. 20.

Annexe 3- Limites d'exposition recommandées par l'OMS (1998)

	Fréquence du courant européen		Fréquence des bases de téléphones portables		Fréquence des fours à micro-ondes
Fréquence	50 Hz		900 MHz	1.8 GHz	2.45 GHz
	Champ électrique (V/m)	Champ magnétique (µT)	Densité du courant (W/m^2)		Densité du courant (W/m^2)
Limites d'exposition du public	5000	100	4,5	9	10
Limites d'exposition professionnelle	1000	500	22,5	45	-

Source : E. VERDEUN, Les radiofréquences et la santé, Thèse de doctorat en sciences pharmaceutiques, Université de Bordeaux, 2015, p. 103.

Annexe 4- Décret n° 2015-490 du 07 septembre 2015 portant protection des personnes contre les effets des champs électriques, magnétiques et électromagnétiques de 0 à 300 GHz

AECN
REPUBLIQUE DU BENIN
Fraternité-Justice-Travail

PRESIDENCE DE LA REPUBLIQUE

Annexe 4- décret n° 2015-490 du 07 septembre 2015 portant protection des personnes contre les effets des champs électriques, magnétiques et électromagnétiques de 0 à 300 ghz.

DECRET N° 2015-490 DU 07 SEPTEMBRE 2015

portant protection des personnes contre les effets des champs électriques, magnétiques et électromagnétiques de 0 à 300 GHz.

LE PRESIDENT DE LA REPUBLIQUE,
CHEF DE L'ETAT,
CHEF DU GOUVERNEMENT,

Vu la loi n° 90-32 du 11 décembre 1990 portant Constitution de la République du Bénin ;

Vu la proclamation, le 29 mars 2011 par la Cour Constitutionnelle, des résultats définitifs de l'élection présidentielle du 13 mars 2011 ;

Vu la loi n° 87-015 du 21 septembre 1987 portant Code de l'hygiène publique ;

Vu la loi n° 98-004 du 27 janvier 1998 portant code du travail en République du Bénin ;

Vu la loi n° 97-029 du 15 janvier 1999 portant organisation des communes en République du Bénin ;

Vu la loi n° 98-030 du 12 février 1999 portant loi-cadre sur l'Environnement en République du Bénin ;

Vu la loi n° 98-019 du 21 mars 2003 portant code de sécurité sociale en République du Bénin et les lois n° 2007-02 du 26 mars 2007 et n° 2010-10 du 22 mars 2010 qui l'ont modifiée et complétée ;

Vu la loi n° 2007-21 du 16 octobre 2007 portant protection du consommateur en République du Bénin ;

Vu la loi n° 2014-14 du 09 juillet 2014 relative aux communications électroniques et à la poste en République du Bénin ;

Vu le décret n° 2015-370 du 18 juin 2015 portant composition du Gouvernement ;

Vu le décret n° 2012-191 du 03 juillet 2012 fixant la structure-type des Ministères ;

Vu le décret n° 2014-021 du 20 janvier 2014 portant attributions, organisation et fonctionnement du Ministère de la Communication et des Technologies de l'Information et de la Communication ;

Vu le décret n° 2014-599 du 09 octobre 2014 portant attributions, organisation et fonctionnement de l'Autorité de Régulation des Communications Electroniques et de la Poste du Bénin ;

Sur rapport du Ministre de la Communication et des Technologies de l'Information et de la Communication, après avis de l'Autorité de Régulation des Communications Electroniques et de la Poste ;

Le Conseil des Ministres entendu en sa séance du 21 mai 2015,

DECRETE :

CHAPITRE PREMIER : DISPOSITIONS GENERALES

Article 1er : Le présent décret fixe les conditions et les dispositions nécessaires pour assurer la protection des personnes contre les effets des champs électriques, magnétiques et électromagnétiques en République du Bénin.

Article 2 : Les dispositions du présent décret s'appliquent à toute source d'exposition du public et des travailleurs à des champs électriques, magnétiques et électromagnétiques des fréquences allant de 0 à 300 GHz à l'exception des sources relevant des activités régies par des textes spéciaux.

Article 3 : Au sens du présent décret, les expressions ci-après sont définies comme suit :

Champ électromagnétique : Champ résultant du couplage d'un champ électrique et d'un champ magnétique. Un champ électrique est produit par une différence de potentiel (ddp) entre deux (2) points : plus la différence de potentiel (ddp) est élevée, plus le champ qui en résulte est intense. Ce champ électrique survient même s'il n'y a pas de circulation de courant. A l'inverse, le champ magnétique n'apparait que lorsque le courant circule : plus l'intensité du courant est élevée, plus le champ magnétique est important.

Employeur : toute personne physique ou morale, de droit public ou de droit privé employant un ou plusieurs travailleurs.

Exposition humaine : coexistence à un endroit donné, des personnes et des champs électriques, magnétiques, électromagnétiques ou des courants, contrairement à ceux émergeants des activités organiques ou autres phénomènes naturels.

Grandeurs physiques :

- **Champ électrique:** grandeur vectorielle (E) correspondant à la force exercée sur une particule chargée indépendamment de son déplacement dans l'espace. Elle est exprimée en volts par mètre (V/m).

2

- **Champ magnétique** : grandeur vectorielle (H) qui, avec l'induction magnétique, définit un champ magnétique en tout point de l'espace. Elle est exprimée en ampère par mètre (A/m).

- **Courant de contact** (I_C) : entre une personne et un objet est exprimé en ampère (A). Un objet conducteur dans un champ électrique peut être chargé par ce champ.

    - **Débit d'absorption spécifique** (DAS) : débit avec lequel l'énergie rayonnée sur l'ensemble du corps ou sur une partie quelconque du corps est absorbée par unité de masse du tissu du corps. Elle est exprimée en watts par kilogramme (W/Kg).

- **Densité de courant** (J) : courant traversant une unité de surface perpendiculaire au flux de courant dans un volume conducteur tel que le corps humain ou une partie du corps, exprimée en ampère par m² (A/m^2).

- **Densité de puissance** (S) : grandeur appropriée utilisée pour des hyperfréquences lorsque la profondeur de pénétration dans le corps est faible. Il s'agit du quotient de la puissance rayonnée incidente perpendiculaire à une surface par l'aire de cette surface. Elle est exprimée en watts par m² (W/m^2).

- **Induction magnétique** ou densité de flux magnétique : grandeur vectorielle (B) définie en termes de force exercée sur des charges circulantes et elle est exprimée en teslas (T). En espace libre et dans les matières biologiques, l'induction magnétique et l'intensité du champ magnétique peuvent être utilisées indifféremment selon l'équivalence $1\ A.m^{-1} = 4\ \pi\ 10^{-7}\ T$.

- **Niveaux de référence** : niveaux indiqués à des fins d'évaluation pratique de l'exposition, afin de déterminer s'il est vraisemblable que les restrictions de base soient dépassées. Certains « niveaux de référence » sont dérivés des restrictions de base correspondantes au moyen de techniques de mesure et/ou de calcul et d'autres sont liés à la perception et aux effets nocifs indirects de l'exposition aux champs électromagnétiques. Les grandeurs dérivées sont :

- l'intensité du champ électrique (E) ;
- l'intensité du champ magnétique (H) ;
- la densité du flux magnétique (B) ;
- la densité de puissance (S) ;
- les courants passant dans les membres (I_L).

Les grandeurs liées à la perception et à d'autres effets indirects sont :

- le courant de contact (I_C)

et pour les champs pulsés,

- l'absorption spécifique (AS).

Quelles que soient les conditions d'exposition, les valeurs mesurées ou calculées de l'une de ces grandeurs physiques peuvent être comparées aux niveaux de référence correspondants. Le respect du niveau de référence garantit le respect de la restriction de base correspondante.

Public : tous les non-travailleurs sont définis comme le public. Par exposition du public on entend l'exposition aux rayonnements non ionisants des personnes qui n'ont reçu aucune forme d'information y relative, de sensibilisation à la sécurité ou de formation. En règle générale, l'exposition du public se produit dans des environnements non contrôlés et concerne des individus de tous âges et état de santé, notamment les enfants, les femmes enceintes, les personnes présentant un déficit de thermorégulation, les particuliers équipés de dispositifs médicaux électroniques et les personnes utilisant des médicaments qui peuvent résulter d'un dysfonctionnement du système de thermorégulation.

Rayonnements non ionisants : ce sont les rayonnements électromagnétiques dont l'énergie quantique est insuffisante pour ioniser un atome, c'est-à-dire incapable d'arracher un électron à la matière. Ils regroupent les champs statiques, les champs électromagnétiques basses et hautes fréquences, ainsi que les rayonnements optiques qui regroupent les rayons infrarouges, la lumière visible et une partie des rayons Ultra Violet (UV).

Restrictions de base : valeurs limites d'exposition aux champs électriques, magnétiques ou électromagnétiques de fréquence variable, qui sont établies directement à partir d'effets avérés sur la santé sont appelées « restrictions de base ». Selon la fréquence du champ, les grandeurs physiques utilisées pour spécifier ces valeurs limites sont :

- le champ électrique interne (E) ;
- la densité du courant (J) ;
- le débit d'absorption spécifique (DAS)
- et la densité de puissance (S).

Sources des champs électromagnétiques : toutes activités, équipements, installations électriques ou radioélectriques capables d'émettre des champs électromagnétiques de fréquences allant de 0 à 300 GHz.

Travailleur : toute personne employée par une personne physique ou morale, y compris les stagiaires et les apprentis qui sont exposés aux rayonnements non ionisants dans l'exercice de leurs activités professionnelles.

CHAPITRE II : VALEURS LIMITES D'EXPOSITION AUX CHAMPS ELECTRIQUES, MAGNETIQUES ET ELECTROMAGNETIQUES ALLANT DE 0 A 300 GHZ

Article 4 : Les opérateurs, les producteurs, les importateurs, les vendeurs sont tenus de respecter les valeurs limites d'exposition du public et des travailleurs aux champs électriques, magnétiques et électromagnétiques fixées dans les tableaux 2, 3, 4 et 5 de l'annexe II du présent décret.
Les niveaux des champs électriques, magnétiques et électromagnétiques ne doivent pas dépasser les niveaux de référence indiqués dans les tableaux 6, 7, 8, 9, 10 et 11 de l'annexe III du présent décret.

Article 5 : Lorsque plusieurs équipements ou installations radioélectriques sont à l'origine de l'exposition aux champs électromagnétiques en un lieu donné, le niveau d'exposition cumulée aux champs électromagnétiques ne doit pas dépasser les valeurs limites définies dans l'annexe IV du présent décret.
La somme des niveaux des champs électriques, magnétiques et électromagnétiques de différentes sources en un lieu donné, ne doit pas dépasser les niveaux de référence définis dans l'annexe IV du présent décret.

Article 6 : Dans les établissements scolaires et assimilés, les crèches, les jardins d'enfants, les établissements hospitaliers, les parcours de santé et les jardins publics, les niveaux des champs électriques, magnétiques et électromagnétiques ne doivent pas dépasser 25% des niveaux de référence indiqués dans les articles 4 et 5 du présent décret, tout en préservant la qualité du service rendu.

CHAPITRE III : LES SOURCES EMETTANT DES CHAMPS ELECTRIQUES, MAGNETIQUES ET ELECTROMAGNETIQUES

Article 7 : Les sources émettant des champs électriques, magnétiques et électromagnétiques doivent être conformes à la législation, à la réglementation et aux normes nationales et internationales.

CHAPITRE IV : AUTOCONTROLE ET INSPECTION

Article 8 : L'exploitation des équipements et des installations radioélectriques et électriques se fait conformément à la législation et aux normes nationales et internationales en vigueur.

Article 9 : Les opérateurs, les producteurs et les exploitants établissent un programme d'autocontrôle de la conformité des émissions des équipements et des installations qu'ils produisent et/ou exploitent tel que défini aux dispositions des articles 4, 5 et 6 du présent décret.

Le programme d'autocontrôle ainsi que le rapport des résultats de toutes les activités d'autocontrôle de l'année précédente, sont transmis pour information à l'Autorité de Régulation et aux structures concernées, au plus tard le 31 mars de l'année en cours.

La transmission du programme d'autocontrôle à l'Autorité de Régulation et aux autres structures concernées n'exclut pas la conduite d'activités d'autocontrôle non programmées au cours de l'année. Les résultats de ces dernières devront néanmoins faire partie du rapport annuel des activités d'autocontrôle.

Ces activités d'autocontrôle couvrent aussi les mesures des niveaux d'exposition du public et des travailleurs.

Les résultats et données de ces activités d'autocontrôle sont enregistrés et mis à la disposition des structures de contrôle désignées à l'article 10 du présent décret.

L'exploitant réalise des simulations et des mesures initiales pour estimer le niveau d'exposition des travailleurs et du public pour toute nouvelle installation radioélectrique.

Article 10 : L'Autorité de Régulation des communications électroniques et les autres structures de contrôle concernées, veillent chacune en ce qui la concerne, au respect des valeurs limites d'exposition du public et des travailleurs aux champs électriques, magnétiques et électromagnétiques mentionnées dans le présent décret, et ce, conformément aux normes en vigueur.

Ces structures maintiennent des bases de données des mesures de l'exposition aux champs électriques, magnétiques et électromagnétiques qu'elles ont réalisées par elles-mêmes ou pour leurs comptes par d'autres organismes habilités et agréés par l'Etat Béninois.

Article 11 : Les autorités désignées à l'article 10 du présent décret mettent à la disposition de la commission interdisciplinaire "rayonnements non ionisants et santé", créée par arrêté conjoint des ministres chargés des télécommunications et de la santé, tous les résultats et données des plans de surveillance et de contrôle concernant l'exposition aux champs électromagnétiques effectués.

CHAPITRE V : MESURES DE SECURITE DES INSTALLATIONS

Article 12 : Les opérateurs, les producteurs ou les exploitants prennent toutes les dispositions de protection appropriées dans les zones où il y a un risque de dépassement des valeurs limites d'exposition du public mentionnées aux articles 4, 5 et 6 du présent décret.

Article 13 : Les mesures de sécurité et les conditions d'installation des stations radioélectriques sont fixées par un arrêté conjoint des ministres chargés des télécommunications, des collectivités locales, de la santé et de l'environnement.

CHAPITRE VI : PROTECTION DES TRAVAILLEURS EXPOSES AUX CHAMPS ELECTRIQUES, MAGNETIQUES ET ELECTROMAGNETIQUES

Article 14 : L'employeur prend toute mesure de protection nécessaire et suffisante afin de réduire l'exposition de ses employés aux champs électriques, magnétiques et électromagnétiques en se basant sur les principes généraux de prévention en milieu de travail, notamment :

- la réduction à la source ;
- la réduction de la durée de l'exposition ;
- la substitution ;
- la mise à disposition obligatoire d'équipements de protection individuels (EPI) spécifiques ;
- les moyens administratifs et autres.

Article 15 : L'employeur assure l'information et la formation de son personnel exposé aux champs électriques, magnétiques et électromagnétiques. A cet effet, il établit un programme de formation continue sur les risques sanitaires éventuels et/ou potentiels des champs électromagnétiques et les mesures de protection disponibles et nécessaires pour réduire leur exposition conformément à l'évolution des connaissances scientifiques en la matière et aux résultats de l'autocontrôle.

Article 16 : Les valeurs limites d'exposition indiquées pour le public sont appliquées pour tout travailleur exposé aux champs électriques, magnétiques et électromagnétiques, jugé non formé ou éduqué aux risques liés aux champs électromagnétiques et aux mesures de protection préconisées, lors des opérations de contrôle.

Article 17 : L'employeur assure la surveillance médicale des travailleurs exposés aux champs électriques, magnétiques et électromagnétiques. Les examens médicaux prévus par la médecine du travail sont effectués par un médecin du travail avant la prise de service, tous les six (6) mois et à la fin de l'embauche, tout en tenant compte des expositions antérieures.

6

CHAPITRE VII : SANCTIONS

Article 18 : Tout dépassement des valeurs limites d'exposition indiqués aux articles 4, 5 et 6 du présent décret est signalé automatiquement à l'opérateur ou l'exploitant à l'origine de ce dépassement qui arrête immédiatement le fonctionnement de ladite station jusqu'à prendre toutes les mesures techniques nécessaires pour résoudre ce dépassement.
Si des mesures techniques pour abaisser les niveaux d'exposition ne sont pas envisageables, l'opérateur procède au démontage de la station à l'origine des dépassements dans un délai ne dépassant pas trente (30) jours.

Article 19 : Sans préjudice de sanctions pénales, les exploitants ou les opérateurs qui ne se conforment pas aux dispositions du présent décret sont punis d'une pénalité allant de 1.000.000 de francs CFA à 5.000.000 de francs CFA par station radioélectrique.

CHAPITRE VIII : DISPOSITIONS TRANSITOIRES

Article 20 : Les exploitants des équipements et des installations radioélectriques et électriques mis en service avant l'entrée en vigueur du présent décret, disposent des délais ci-après pour se conformer à la présente réglementation :

- 50% des sites dans un délai de six (6) mois ;
- 100% des sites dans un délai d'un an.

Article 21 : Le Ministre de la Communication et des Technologies de l'Information et de la Communication, le Ministre de la Santé, le Ministre de l'Energie, des Recherches Pétrolières et Minières et du Développement des Energies Renouvelables, le Ministre de la Décentralisation, de la Gouvernance Locale, de l'Administration et de l'Aménagement du Territoire, le Ministre de l'Environnement Chargé de la Gestion des Changements Climatiques, du Reboisement et de la Protection des Ressources Naturelles et Forestières, le Ministre du Travail, de la Fonction Publique et de la Réforme Administrative et Institutionnelle, le Ministre de l'Industrie et du Commerce, le Ministre d'Etat Chargé de l'Economie, des Finances et des Programmes de Dénationalisation sont chargés, chacun en ce qui le concerne, de l'application du présent décret.

Article 22 : Le présent décret prend effet pour compter de sa date de signature et sera publié au Journal Officiel de la République du Bénin.

Fait à Cotonou, le 07 septembre 2015

Par le Président de la République,
Chef de l'Etat, Chef du Gouvernement,

Dr Boni YAYI

Le Premier Ministre Chargé du Développement Economique, de l'Evaluation des Politiques Publiques et de la Promotion de la Bonne Gouvernance,

Lionel ZINSOU

Le Vice- Premier Ministre Chargé de l'Enseignement Supérieur et de la Recherche Scientifique,

François Adebayo ABIOLA

Le Garde des Sceaux, Ministre de la Justice, de la Législation et des Droits de l'Homme,

Martine Evelyne A. da SILVA- AHOUANTO

Le Ministre d'Etat Chargé de l'Economie, des Finances et des Programmes de Dénationalisation,

Komi KOUTCHE

Le Ministre du Travail, de la Fonction Publique et de la Réforme Administrative et Institutionnelle,

Aboubakar YAYA

Le Ministre de la Santé,

Pascal DOSSOU TOGBE

Le Ministre de l'Environnement Chargé de la Gestion des Changements Climatiques, du Reboisement et de la Protection des Ressources Naturelles et Forestières,

Théophile C. WOROU

Le Ministre de l'Energie, des Recherches Pétrolières et Minières et du Développement des Energies Renouvelables,

Spéro MENSAH

Le Ministre de la Communication et des Technologies de l'Information et de la Communication,

Etienne KOSSI

AMPLIATIONS : PR 6 AN 4 CS 2 CC 2 CES 2 HAAC 2 HCJ 2 -PM/DEEPPPBG : 2 -VPM/ESRS 2 MCTIC 2 MJLDH 2 MS 2 MECGCCRPRNF 2 MTFPRAI 2 MEEFPD 2 MERPMDER 2 Autres Ministères 20 SGG 4 DGBM-DCF-DGTCP-DGID-DGDDI 5 BN-DAN-DLC 3 GCONB-DGCST-INSAE 3 BCP-CSM-IGAA-BAG 2 UAC-ENAM-FADESP 3 UP-FDSP2 JORB 1

Annexe1 : Grandeurs physiques et unités SI correspondantes

Tableau 1: Grandeurs physiques et unités SI correspondantes utilisées

Grandeur	Symbole	Unité
Conductivité	σ	siemens par mètre ($S.m^{-1}$)
Courant	I	ampère (A)
Densité de courant	J	ampère par mètre carré ($A.m^{-2}$)
Fréquence	f	hertz (Hz)
Intensité de champ électrique	E	volt par mètre ($V.m^{-1}$)
Intensité de champ magnétique	H	ampère par mètre ($A.m^{-1}$)
Densité de flux magnétique	B	tesla (T)
Perméabilité magnétique	μ	henry par mètre ($H.m^{-1}$)
Permittivité électrique	ε	farad par mètre ($F.m^{-1}$)
Densité de puissance	S	watt par mètre carré ($W.m^{-2}$)
Absorption spécifique	AS	joule par kilogramme ($J.kg^{-1}$)
Débit d'absorption spécifique	DAS	watt par kilogramme ($W.kg^{-1}$)

Alors que les champs électriques ne sont associés qu'à la présence d'une charge électrique, les champs magnétiques sont créés par le mouvement physique d'une charge électrique (courant électrique). Un champ électrique E exerce des forces sur les charges électriques et s'exprime en volts par mètre ($V.m^{-1}$). De façon analogue, les champs magnétiques peuvent exercer des forces physiques sur des charges électriques, si ces charges sont en mouvement et/ou si le champ magnétique est variable dans le temps. Les champs électriques et magnétiques ont une intensité et une direction (ce sont donc des vecteurs). Un champ magnétique peut être spécifié de deux (2) façons, soit par la densité de flux magnétique B, exprimée en teslas (T), soit par l'intensité de champ magnétique H, exprimée en ampères par mètre (A.m-1).Ces deux (2) grandeurs sont liées par la formule :

$$B = \mu . H \qquad (1)$$

Avec:

µ: constante de proportionnalité (qui exprime la perméabilité magnétique) ; dans le vide et dans l'air, comme dans les matériaux non magnétiques (y compris les matériaux biologiques), la constante µ exprimée en Henrys par mètre prend la valeur 4 π x 10^{-7}.

Il suffit donc, pour décrire un champ magnétique à des fins de prévention, de spécifier l'une des grandeurs B ou H.

En champ lointain, le modèle d'onde plane constitue une bonne approximation de la propagation du champ électromagnétique.

Les caractéristiques d'une onde plane sont les suivantes :

- les fronts d'onde ont une géométrie plane ;
- les vecteurs E et H sont perpendiculaires à la direction de propagation ;
- les champs E et H sont en phase et le quotient des amplitudes E/H est constant dans tout l'espace. En champ libre : E/H = 377 ohms (Ω), ce qui est l'impédance caractéristique du champ libre ;
- la densité de puissance S, c'est-à-dire la puissance par unité de surface normale à la direction de propagation, est liée aux champs électrique et magnétique par la formule:

$$S = E \times H = E^2 / 377 = 377 \times H^2 \qquad (2)$$

En champ proche, la situation est plus complexe, car les maxima et minima des champs électrique E et magnétique H ne se situent pas aux mêmes points, dans la direction de propagation, qu'en champ lointain. En champ proche, la structure du champ électromagnétique peut être fortement inhomogène, et l'on peut s'écarter notablement de l'impédance d'onde plane de 377 ohms ; cela signifie que l'on peut avoir des champs presque « exclusivement E » dans certaines zones et des champs presque « exclusivement H » dans d'autres. Les expositions en champ proche sont plus difficiles à déterminer ; en effet, il faut mesurer à la fois les champs E et les champs H, et la géométrie des champs est plus complexe ; cette situation ne permet plus d'utiliser la densité de puissance comme critère pour l'expression de limites d'exposition (contrairement à ce qui se passe en champ lointain).

L'exposition à des champs électromagnétiques variables dans le temps génère des champs électriques internes et des courants à travers le corps, ainsi qu'une absorption d'énergie dans les tissus ; l'intensité de ces phénomènes varie selon les mécanismes de couplage et la fréquence. Le 10 champ électrique interne E_i et la densité de courant J sont liés par la loi d'Ohm:

$$J = \sigma \times E_i \qquad (3)$$

Dans laquelle σ représente la conductivité électrique du milieu et E_i le champ électrique interne.
Les grandeurs dosimétriques utilisées dans ce texte, compte tenu des différentes gammes de fréquences et des différentes formes d'onde, sont les suivantes :

- Dans la gamme de fréquences de 1 Hz jusqu'à 10 MHz: les restrictions de base s'appliquent au champ électrique interne E_i de façon à prévenir les effets sur les fonctions du système nerveux;
- Dans la gamme de fréquences comprise entre 100 kHz et 10 GHz: les restrictions de base s'appliquent au DAS, de façon à prévenir l'astreinte thermique au niveau du corps entier et un échauffement local excessif des tissus; dans la domaine compris entre 100 KHz jusqu'à 10 MHz, ces restrictions s'appliquent à la fois à la densité de courant J et au DAS.
- Entre 10 et 300 GHz: les restrictions de base s'appliquent à la densité de puissance S, de façon à prévenir un échauffement excessif des tissus à la surface du corps ou à proximité de cette surface.
- En outre, pour les expositions aux champs pulsés dans le domaine de fréquences 0,3-10 GHZ et pour les expositions localisées à la tête, afin de limiter ou de prévenir les effets auditifs dus à l'expansion thermoélastique, on recommande une restriction de base supplémentaire: il convient que l'absorption spécifique ne dépasse pas 10 mJ.Kg-1 pour les travailleurs et 2 mJ.Kg-1 pour la population générale, moyennés sur 10 g de tissu.

Le tableau 1 donne un résumé général des grandeurs et unités utilisées dans le présent texte et ses annexes pour caractériser les champs électromagnétiques.

Annexe 2 : Les limites d'exposition et restrictions de base.

Tableau 2 : Limites d'exposition [a] aux champs magnétiques statiques

Caractéristiques de l'exposition		**Densité de flux magnétique B (T)**
Exposition professionnelle [b]	**Exposition de la tête et du tronc**	**2 T**
	Exposition des membres	**8 T**
Exposition du public [c]	**Quelle que soit la partie du corps**	**400 Mt**

- (a) il est recommandé d'appliquer ces limites, en pratique, aux valeurs crêtes spatiales de la densité de flux magnétique.

- (b) pour des applications spécifiques, une exposition jusqu'à 8 T peut être justifiée si l'exposition est contrôlée et si des méthodes de travail appropriées sont mises en œuvre pour maîtriser les effets induits par les mouvements des personnes.

- (c) En raison d'effets indirects potentiels, il est nécessaire de mettre en œuvre des mesures visant à prévenir l'exposition accidentelle des porteurs d'implants électroniques ou contenant des matériaux ferromagnétiques, ainsi que la mise en mouvement d'objets, ce qui pourrait conduire à préconiser des niveaux beaucoup plus bas, de l'ordre de 0,5 mT.

Tableau 3 : Restrictions de base pour les fréquences de 1 Hz à 100 KHz.

Caractéristiques de l'exposition		Plage de fréquence	Champ électrique interne ($V.m^{-1}$)
Travailleurs	Tissus de la tête appartenant au SNC	1-10 Hz	0,5/f
		10-25 Hz	0,05
		25-400 Hz	$2x10^{-3}f$
		400 Hz-3KHz	0.8
		3KHz-10 MHz *	$2,7x10^{-4}f$
	Tous les tissus autres de la tête et du corps	1Hz-3KHz	0.8
		3KHz-10 MHz *	$2,7x10^{-4}f$
Population générale	Tissus de la tête appartenant au SNC	1-10 Hz	0,1/f
		10-25 Hz	0,01
		25-1000 Hz	$4x10^{-4}f$
		1000 Hz-3KHz	0,4
		3KHz-10 MHz *	$1,35x10^{-4}f$
	Tous les tissus autres de la tête et du corps	1Hz-3KHz	0,4
		3kHz-10MHz *	$1,35x10^{-4}f$

- f est la fréquence en Hertz.
- Toutes les valeurs sont des moyennes quadratiques (rms).
- Dans la gamme de fréquences dépassant 100 KHz; il faut en plus tenir compte des restrictions de base spécifiques aux radiofréquences.
- * : les champs des fréquences entre 100 KHz et 10 MHz peuvent déclencher les deux processus biologiques (courant induit dans le corps et effet thermique).

Tableau 4 : Restriction de base pour les champs électriques et magnétiques alternatifs à des fréquences allant de 100 KHz jusqu'à 10GHz

Caractéristiques de l'exposition	**Domaine de fréquence**	**Densité de courant** (tête et tronc) ($mA.m^{-2}$) (rms)	**DAS moyen Corps entier** ($W.kg^{-1}$)	**DAS local** (tête et tronc) ($W.kg^{-1}$)	**DAS local** (membres) ($W.kg^{-1}$)
Travailleurs	100kHz-10MHZ	f/100	0,4	10	20
	10 MHz-10GHz	-	0,4	10	20
Population générale	100kHz-10MHZ	f/500	0,08	2	4
	10 MHz-10GHz	-	0,08	2	4

- f est la fréquence en Hertz.

- Etant donné l'inhomogénéité électrique du corps, il convient de moyenner les densités de courant sur une section de 1 cm^2 perpendiculairement à la direction du courant.

- Il faut moyenner tous les DAS sur une période quelconque de 6 minutes.

- Pour la moyenne du DAS local, la masse de référence est une masse quelconque de 10 g de tissu d'un seul tenant; pour l'estimation de l'exposition, il convient d'utiliser le DAS maximal ainsi obtenu.

- Pour des impulsions de durée tp, il est recommandé de calculer la fréquence équivalente applicable pour les restrictions de base selon la formule f = 1/2 tp. En outre, pour les expositions aux champs pulsés dans le domaine de fréquences 0,3-10 GHZ et pour les expositions localisées à la tête, afin de limiter ou de prévenir les effets auditifs dus à l'expansion thermo élastique, on recommande une restriction de base supplémentaire: il convient que l'absorption spécifique ne dépasse pas 10 $mJ.Kg^{-1}$ pour les travailleurs et 2 $mJ.Kg^{-1}$ pour la population générale, moyennés sur 10 g de tissu.

14

Tableau 5 : Restriction de base pour la densité de puissance aux fréquences comprises entre 10 et 300 GHz

Caractéristique de l'exposition	**Densité de puissance** ($W.m^{-2}$)
Travailleurs	50
Population générale	10

- Il faut moyenner les densités de puissance sur 20 cm^2 quelconques de zone exposée et sur un intervalle de temps quelconque de $68 / f^{1,05}$ min (f étant exprimée en GHz) pour compenser la diminution progressive de la profondeur de pénétration avec l'augmentation de la fréquence.

- Il convient que les densités de puissance maximales dans l'espace, moyennées sur 1 cm^2, ne dépassent pas 20 fois les valeurs ci-dessus.

Annexe 3 : Les niveaux de référence

Tableau 6 : Niveaux de référence pour l'exposition professionnelle à des champs électriques et magnétiques variables dans le temps (valeurs rms en conditions non perturbées) à des fréquences de 1 à 100 KHz

Domaine de fréquences	Intensité de champs E ($KV.m^{-1}$)	Intensité de champs H ($A.m^{-1}$)	Densité du flux magnétique B (T)
1 - 8 Hz	20	$1,63 \times 10^{5} / f^{2}$	$0,2 / f^{2}$
8 - 25 Hz	20	$2 \times 10^{4} / f$	$2,5 \times 10^{-2} / f$
25-300 Hz	$5 \times 10^{2} / f$	8×10^{2}	1×10^{-3}
300Hz-3KHz	$5 \times 10^{2} / f$	$2,4 \times 10^{5} / f$	$0,3 / f$
3KHz-100 KHz	$1,7 \times 10^{-1}$	80	1×10^{-4}

- f est la fréquence en Hertz.

- Pour des recommandations en régime non sinusoïdal et à des fréquences multiples, voir les sections spécifiques ci-après.

- Pour prévenir les effets indirects, en particulier dans les champs électriques de forte intensité, voir le chapitre intitulé "mesures de prévention".

- Dans la gamme de fréquences dépassant 100 KHz, il faut en plus tenir compte des niveaux de référence spécifiques aux radiofréquences.

Tableau 7 : Niveaux de référence pour l'exposition de la population générale à des champs électriques et magnétiques variables dans le temps (valeurs rms en conditions non perturbées) à des fréquences de 1 à 100 KHz

Domaine de fréquences	Intensité de champs E ($KV.m^{-1}$)	Intensité de champs H ($A.m^{-1}$)	Densité du flux magnétique B (T)
1 - 8 Hz	5	$3,2 \times 10^4 / f^2$	$4 \times 10^{-2} / f^2$
8 - 25 Hz	5	$4 \times 10^3 / f$	$5 \times 10^{-3} / f$
25-50 Hz	5	$1,6 \times 10^2$	2×10^{-4}
50-400 Hz	$2,5 \times 10^2 / f$	$1,6 \times 10^2$	2×10^{-4}
400Hz-3KHz	$2,5 \times 10^2 / f$	$6,4 \times 10^4 / f$	$8 \times 10^{-2} / f$
3KHz-100 KHz	$8,3 \times 10^{-2}$	21	$2,7 \times 10^{-5}$

- f est la fréquence en Hertz.

- Pour des recommandations en régime non sinusoïdal et à des fréquences multiples, voir les sections spécifiques ci-après.

- Dans la gamme de fréquences dépassant 100 KHz, il faut en plus tenir compte des niveaux de référence spécifiques aux radiofréquences

Tableau 8 : Niveaux de référence pour l'exposition professionnelle à des champs électriques et magnétiques alternatifs à des fréquences de 100 KHz à 300 GHz (Valeurs rms en conditions non perturbées)

Domaine de fréquences	Intensité de champs E (V.m⁻¹)	Intensité de champs H (A.m⁻¹)	Champs B (µT)	Densité de puissance de l'onde plane équivalente Seq (W.m⁻²)
0,1- 3,59 MHz *	170	1,6 / f	2 / f	-
3,59 – 10 MHz *	610 / f	1,6 / f	2 / f	-
10 – 400 MHz	61	0,16	0,2	10
400 – 2000 MHz	3 $f^{1/2}$	0,008 $f^{1/2}$	0,01 $f^{1/2}$	f / 40
2 – 300 GHz	137	0,36	0,45	50

- f comme indiqué dans la colonne domaine de fréquences.

- A condition que les restrictions de base soient respectées et que l'on puisse exclure les effets nocifs indirects, les valeurs d'intensité de champ peuvent être dépassées.

- Aux fréquences comprises entre 100 KHz et 10 GHz, Seq, E^2, H^2 et B^2 doivent être moyennés sur une période quelconque de 6 minutes.

- Aux fréquences supérieures à 10 GHz, il faut moyenner Seq, E^2, H^2 et B^2 sur une période quelconque de 68 / $f^{1,05}$ min (f étant exprimée en GHz).

- * : pour la bande des fréquences allant de 100 KHz à 10 MHz, et compte tenu des restrictions de base respectives pour les deux effets biologiques (courants induits et effet thermique), les niveaux de référence les plus restrictives ont été adoptés.

18

Tableau 9 : Niveaux de référence pour l'exposition de la population générale à des champs électriques et magnétiques alternatifs à des fréquences de 100 KHz à 300 GHz (Valeurs rms en conditions non perturbées)

Domaine de fréquences	**Intensité de champs E** ($V.m^{-1}$)	**Intensité de champs H** ($A.m^{-1}$)	**Champs B** (μT)	**Densité de puissance de l'onde plane équivalente Seq** ($W.m^{-2}$)
0,1 – 0,15 MHz *	83	5	6,25	-
0,15 – 1,023 MHz *	83	0,73 / f	0,92 / f	
1,023 – 10 MHz *	87 / $f^{1/2}$	0,73 / f	0,92 / f	-
10 – 400 MHz	28	0,16	0,2	2
400 – 2000 MHz	1,375 $f^{1/2}$	0,0037 $f^{1/2}$	0,0046 $f^{1/2}$	f / 200
2 – 300 GHz	61	0,16	0,20	10

- f comme indiqué dans la colonne domaine de fréquences

- A condition que les restrictions de base soient respectées et que l'on puisse exclure les effets nocifs indirects, les valeurs d'intensité de champ peuvent être dépassées.

- Aux fréquences comprises entre 100 KHz et 10 GHz, Seq, E^2, H^2 et B^2 doivent être moyennés sur une période quelconque de 6 minutes.

- Aux fréquences supérieures à 10 GHz, il faut moyenner Seq, E^2, H^2 et B^2 sur une période quelconque de 68 / $f^{1,05}$ min (f étant exprimée en GHz).

- * : pour la bande des fréquences allant de 100 KHz à 10 MHz, et compte tenu des restrictions de base respectives pour les deux effets biologiques (courants induits et effet thermique), les niveaux de référence les plus restrictives ont été adoptés.

Niveaux de référence pour les courants de contact et les courants induits

Jusqu'à 10 MHz, les niveaux de référence qui sont fournis pour les courants de contact imposent de prendre certaines précautions afin de 19 prévenir les risques de choc électrique et de brûlure. Les niveaux de référence en cas de contact ponctuel sont présentés au tableau 10. Étant donné que les valeurs seuils de courant de contact qui provoquent des réactions biologiques chez l'enfant représentent à peu près la moitié des niveaux correspondants chez l'homme adulte, les niveaux de référence des courants de contact qui ont été fixés pour la population générale sont inférieurs d'un facteur 2 aux valeurs fixées pour l'exposition professionnelle. Il convient de rappeler que les niveaux de référence n'ont pas pour objet d'empêcher la perception, mais permettent seulement d'éviter les chocs électriques douloureux. La perception d'un courant de contact n'est pas dangereuse en soi, mais peut être considérée comme une gêne. Des mesures techniques permettent de prévenir les courants de contact excessifs.

De 10 MHz jusqu'à 110 MHz, ce qui inclut la bande FM, il a été défini des niveaux de référence pour le courant de contact, au-delà desquels il faut veiller à éviter les risques de choc électrique et de brûlure. Les niveaux de référence en cas de contact ponctuel sont présentés dans le tableau 10. Etant donné que les valeurs seuils des courants de contact qui provoquent des réactions biologiques chez l'enfant et chez la femme adulte représentent respectivement à peu près la moitié et les deux tiers des niveaux correspondants chez l'homme adulte, les niveaux de référence pour le courant de contact fixés pour la population générale sont inférieurs d'un facteur 2 aux valeurs fixées pour l'exposition professionnelle.

Tableau 10 : Niveaux de référence pour les courants alternatifs dus au contact avec des objets conducteurs

Caractéristiques de l'exposition	Domaine de fréquences	Courant de contact maximal (mA)
Exposition professionnelle	Jusqu'à 2,5 KHz	1,0
	2,5 - 100 KHz	0,4 f
	100 KHz - 110 MHz	40
Exposition de la population générale	Jusqu'à 2,5 KHz	0,5
	2,5 - 100 KHz	0,2 f
	100 KHz - 110 MHz	20

- f est la fréquence en KHz

Pour le domaine de fréquences compris entre 10 et 110 MHz, les niveaux de référence pour les courants parcourant les membres sont inférieurs aux restrictions de base pour le DAS local (tableau 11).

Tableau 11 : Niveaux de référence pour un courant induits dans un membre à des fréquences comprises entre 10 et 110 MHz.

Caractéristiques de l'exposition	Courant (mA)
Exposition professionnelle	100
Exposition de la population générale	45

1. pour la population générale, le niveau de référence est égal au niveau de référence pour l'exposition professionnelle divisé par √5.

2. pour que les restrictions de base pour le DAS local soient respectées, on calcule les niveaux de référence à partir de la racine carrée de la moyenne du carré du courant induit sur une période quelconque de 6 minutes.

21

Annexe 4 : Exposition simultanée à des champs de fréquences différentes

Il est important de déterminer si, en cas d'exposition simultanée à des champs de fréquences différentes, les effets de l'exposition sont ou non cumulatifs. Les formules ci-dessous s'appliquent aux fréquences rencontrées en conditions d'exposition réelles. Pour la stimulation électrique, c'est-à-dire aux fréquences allant jusqu'à 10 MHz, il est recommandé de sommer les intensités de champ électrique interne suivant la formule :

$$\sum_{j=1Hz}^{10\,MHz} \frac{E_{i,j}}{E_{L,j}} \leq 1 \qquad (4)$$

Avec:

$E_{i,j}$: intensité de champ électrique interne induit à la fréquence j.

$E_{L,j}$: restriction de base pour l'intensité de champ électrique induit à la fréquence j, telle qu'elle figure dans le tableau 3.

En pratique, l'application des critères suivants relatifs aux niveaux de référence garantit le respect des restrictions de base:

$$\sum_{j=1Hz}^{10MHz} \frac{E_j}{E_{R,j}} \leq 1$$

et

$$\sum_{j=1Hz}^{10MHz} \frac{H_j}{H_{R,j}} \leq 1 \qquad (5 \text{ et } 6)$$

Avec:

E_j: intensité de champ électrique à la fréquence j,

$E_{R,j}$: niveau de référence pour l'intensité de champs électrique à la fréquence j, tel indiqué aux tableaux 4 et 5.

H_j: intensité de champ magnétique à la fréquence j,

$H_{R,J}$: niveau de référence pour l'intensité de champ magnétique à la fréquence j, tel indiqué aux tableaux 4 et 5.

Pour le courant parcourant un membre et le courant de contact des fréquences allant de 1 Hz à 10 MHz, respectivement, il convient de répondre aux exigences suivantes:

$$\sum_{j=1Hz}^{10MHz} \frac{I_j}{I_{C,j}} \leq 1 \quad (7)$$

Ou :

$$\sum_{j=1Hz}^{10MHz} \frac{E_j}{E_{R,j}} \leq 1 \quad (8)$$

Avec:
I_j: composante du courant de contact à la fréquence j,
$I_{L,j}$: niveau de référence du courant dans les membres à la fréquence j
$I_{C,j}$: niveau de référence du courant de contact à la fréquence j, tel qu'indiqué au tableau 10.
Pour le courant parcourant un membre et le courant de contact des fréquences allant de 10 MHz à 110 MHz, respectivement, il convient de répondre aux exigences suivantes:

$$\sum_{k=10MHz}^{110MHz} \left(\frac{I_k}{I_{L,k}}\right)^2 \leq 1 \quad (9)$$

I_K: composante de courant parcourant le membre à la fréquence K.
$I_{L,k}$: niveau de référence du courant parcourant le membre à la fréquence k (cf. tableau 11).

$$\sum_{n=10\,M}^{110MHz} \frac{I_n}{I_{C,n}} \quad (10)$$

Avec:
I_n : composante de courant de contact à la fréquence n,
$I_{C,n}$: niveau de référence du courant de contact à la fréquence n (cf. tableau 10).
Il convient d'étudier cette question séparément pour les effets de la stimulation thermique et électrique et d'appliquer les restrictions de base indiquées ci-dessus.
Pour les effets thermiques, c'est-à-dire aux fréquences supérieures à 100 kHz, il est recommandé de sommer les valeurs de DAS et de densité de puissance suivant la formule:

$$\sum_{i=100kHz}^{10GHz} \frac{SAR_i}{SAR_L} + \sum_{i>10GHz}^{300GHz} \frac{S_i}{S_L} \leq 1$$

23

(11)

Avec :

SAR_i : DAS provoqué par l'exposition à la fréquence i,

SAR_L : limite de DAS indiquée dans le tableau 4,

S_L : limite de densité de puissance indiquée dans le tableau 5,

S_i : densité de puissance à la fréquence i.

Pour les effets thermiques, c'est-à-dire aux fréquences supérieures à 100 kHz, il convient d'appliquer aux niveaux de champ les deux exigences suivantes :

$$\sum_{i=100kHz}^{1MHz}\left(\frac{E_i}{c}\right)^2 + \sum_{i>1MHz}^{300GHz}\left(\frac{E_i}{E_{L,i}}\right)^2 \leq 1 \qquad (12)$$

et

$$\sum_{j=100kHz}^{1MHz}\left(\frac{H_j}{d}\right)^2 + \sum_{j>1MHz}^{300GHz}\left(\frac{H_j}{H_{L,j}}\right)^2 \leq 1 \qquad (13)$$

Avec :

E_i : intensité de champ électrique à la fréquence i,

$E_{L,i}$: niveau de référence de champ électrique indiqué dans les tableaux 6, 7, 8 et 9

H_j : intensité de champ magnétique à la fréquence j,

$H_{L,j}$: niveau de référence de champ magnétique indiqué dans les tableaux 6, 7, 8 et 9

c = 610/f $V.m^{-1}$ (f en MHz) pour l'exposition professionnelle et $87/f^{1/2}$ $V.m^{-1}$ pour l'exposition de la population générale,

d = 1,6/f $A.m^{-1}$ (f en MHz) pour l'exposition professionnelle et 0,73/f $A.m^{-1}$ pour l'exposition de la population générale.

Les formules de sommation ci-dessus sont fondées sur le cas le plus défavorable d'exposition à des champs émis par des sources multiples. Par conséquent, en conditions d'exposition types, on peut admettre des niveaux d'exposition moins restrictifs que ceux indiqués dans les formules ci-dessus pour les niveaux de référence.

Annexe 5- Images de relais GSM installés en pleine agglomération dans la ville de Cotonou : preuves de la proximité avec le danger

Source : E. B. (SOHOU) et al., (2018), Caractérisation de la nuisance des relais GSM et des hautes tensions électriques de la CEB au Bénin, annexes.

Annexe 6- Rapport de l'enquête sur la « caractérisation de la nuisance des relais GSM et des hautes tensions électriques de la CEB au Bénin »

Annexe 5- Rapport de l'enquête sur la : « caractérisation de la nuisance des relais GSM et des hautes tensions électriques de la CEB au Bénin ».

SOHOU E. B. *et al* (2018). Caractérisation de la nuisance des relais GSM et des hautes tensions électriques de la CEB au Bénin

Email : sohoubrice@live.fr

- Taille de l'échantillon : **319** individus
- **80%** d'homme contre **20%** de femme
- **0,3%** ont moins de 18 ans
- **21%** ont entre 18 ans et 25 ans
- **50,8%** ont entre 26 ans et 35ans
- **18,5%** ont entre 36 ans et 45 ans
- **9,4%** ont plus de 45ans

L'enquête couvre **41 communes** du **Bénin** dont : Abomey ; Abomey-Calavi ; Adjarra ; Aguégué ; Akpro-Missérété ; Avrankou ; Banté ; Bassila ; Bohicon ; Comé ; Cotonou ; Dangbo ; Dassa-Zoumé ; Djougou ; Glazoué ; Gogounou ; Grand-Popo ; Ifangni ; Kandi ; Kétou ; Lokossa ; Malanville ; Natitingou ; Nikki ; Ouidah ; Ouinhi ; Parakou ; Pobè ; Porto-Novo ; Savalou ; Sèmè-Kpodji ; Sô-Ava ; Toffo ; Tori-Bossito ; Toviklin ; Zagnanado ; Zakpota ; Zogbodomey ; Zè ; Djougou ; Kandi.

- **24,77%** sont très proches de relais GSM
- **35,42%** sont proches de relais GSM
- **31,35%** sont éloignés de relais GSM
- **8,46%** sont très éloignés de relais GSM
- **84,95% (271 individus)** déclarent que les relais GSM installés à proximité des habitations menacent leur **droit constitutionnel à un environnement sain**
- **79,31% (253 individus)** souhaitent une **assistance médicale** face à une exposition chronique aux ondes de basse fréquence (relais GSM) et de hautes fréquences électriques (CEB)
- **77,43% (247 individus)** souhaitent qu'on déplace de leur voisinage les antennes relais
- **11,60%** très proches de haute tension électrique **CEB**
- **23.51%** proches de haute tension électrique **CEB**
- **37.30%** éloigné de haute tension électrique **CEB**
- **27,59%** très éloigné haute tension électrique **CEB**
- **64,89% (207 individus)** sont régulièrement en colère et n'arrivent pas gérer leur trouble de colère
- 58,93% (188 individus) ressentent fréquemment des **douleurs à la tête**
- **58,31% (186 individus)** ont des douleurs articulaires fréquentes
- **49,21% (157 individus)** ont des troubles de sommeil
- **39,50% (126 individus)** ont des troubles neurologiques
- **38,87% (124 individus)** ont fréquemment des troubles d'appétit
- **37,62% (120 individus)** ont régulièrement des palpitations au niveau du cœur
- **21,63% (69 individus)** ont des problèmes de virilité
- **10,35% (33 individus)** ont des troubles de fertilité
- **0,62% (2 individus de moins de 25ans**, l'un très proche de relais GMS et l'autre très proche de ligne haute tension de la CEB) ont le **cancer du cerveau.**
- La **proximité** au **relais GSM** est un **facteur déterminant** de trouble de sommeil, **de trouble de mémoire, de douleur à la tête, de trouble de fertilité, de trouble de virilité, de trouble neurologique, de trouble de colère, de palpitation cardiaque, de douleur articulaire et de trouble d'appétit**.

- L'exposition chronique aux **ondes des hautes fréquences électriques** de la **CEB** est un facteur déterminant du **cancer de cerveau** et de **trouble de mémoire** chez les sujets de moins de **18ans à 25ans**.
- **Les sujets masculins** et les sujets de **moins de 18ans** exposés chroniquement aux ondes de basse fréquence sont **très sensibles** au **trouble de colère**.
- Les sujets de plus **de 45ans** très plus **sensibles** au trouble de **palpitation du cœur, de sommeil, de mémoire et de douleur à la tête**.
- Les **problèmes de fertilité** et de **virilité** liés aux ondes de basse fréquence des relais GSM concernent en grande majorité **les** sujets de plus de **36ans** exposés **chroniquement**.
- Les **sujets féminins** très proches des **relais GSM** sont hautement **sensibles au trouble d'appétit**, au **trouble de nerf**, **aux palpitations du cœur et aux douleurs articulaires**.
- Les **sujets très proches à la fois des relais et des lignes de haute tension électrique** souhaitent majoritairement un **déplacement des relais** à cause de trouble de sommeil, de palpitation de cœur, de douleur articulaire et de trouble d'appétit. Ils exigent une **assistance sanitaire** et déclarent que leur **droit à un environnement** sain est **sacrifié**.
- **Les sujets de 18ans à 25ans** ignorent pour la plupart leur **droit à un environnement sain contrairement** aux sujets de **36ans à 45ans** qui sont **conscients de ce droit** lorsqu'ils sont **très proches des relais GSM**. Ils exigent une **assistance sanitaire** et un déplacement des relais. Ils ont régulièrement **de trouble d'appétit, de douleur articulaire, et de palpitation au cœur**.

Bibliographie

I- Ouvrages

A- Ouvrages généraux

1- ANDRIANTSIMBAZOVINA (Joël) et al. (sous la dir.), Dictionnaire des droits de l'homme, 1ère éd., Paris, PUF, Coll. « Quadrige », 2008, 1074 p.

2- BIENNE (Gisèle), La malchimie, Paris, Ed. Actes Sud, Coll. « Un endroit où aller », 2019, 256 p.

3- BORNES (Christian) (sous la dir.), Informatique et information scientifique et technique, Paris, INRIA, 1982, 396 p.

4- CADIET (Loïc) et al., Théorie générale du procès, 2ème éd. mise à jour, Paris, PUF, Coll. « Thémis Droit », 2013, 997 p.

5- CE, Manuel sur les droits de l'homme et l'environnement, 2è éd., UE, Ed. du Conseil de l'Europe, 2012, 206 p.

6- CORNU (Gérard) (sous la dir.), Vocabulaire juridique, 8è éd. mise à jour, Paris, PUF, Coll. « Quadrige », 2007, 986 p.

7- DESIDERI (Jean-Pierre), Droit de l'environnement, Vanves, Ed. Foucher, Coll. « Fiches », 2010, 287 p.

8- EWALD (François) (dir.), Le principe de précaution, 2è éd. mise à jour, Paris, PUF, Coll. « Que sais-je ? », 2008, 127 p.

9- FORET (Romaric), Dico de Bio, 2è éd., Bruxelles, Ed. De Boeck, 2006, 639 p.

10- GUINCHARD (Serge) et DEBARD (Thierry), Lexique des termes juridiques, 19è éd., Paris, Dalloz, 2012, 918 p.

11- HENRY (Emmanuel), Ignorance scientifique et inaction publique, Paris, Presses de Sciences Po, 2017, 256 p.

12- KAMTO (Maurice), Droit de l'environnement en Afrique, Paris, EDICEF-AUPEL, 1996, 415 p.

13- KROMAREK (Pascale), (dir.), Environnement et droits de l'homme, Paris, UNESCO, 1987, 175 p.

14- LAMBERT (Dénis-Clair), Le mimétisme technologique des tiers mondes, Paris, Economica, 1983, 223 p.

15- LOPES (Henri), Sans tam-tam, Yaoundé, Ed. Clé, 1977, 126 p.

16- MICHAELS (David), Le doute est leur produit, USA, Oxford University Press, 2008, 384 p.

17- NAIM-GESBERT (Eric), Les dimensions scientifiques du droit de l'environnement, Bruxelles, Ed. Bruylant, 1999, 808 p.

18- PRIEUR (Michel), Droit de l'environnement, Paris, Dalloz, 1984, 1101 p.

19- REY-DEBOVE (Josette) et REY (Alain) (sous la dir.), Le Nouveau Petit Robert, Paris, Dictionnaires Le Robert, 1995, 2551 p.

20- ROMI (Raphael), Droit et administration de l'environnement, 3e éd., Paris, Montchrestien, 1999, 535 p.

21- SOSSA (Dorothé) et DJOGBENOU (Joseph), Introduction à l'étude du droit, Perspectives africaines, Cotonou, Les Ed. du CREDIJ, 2012, 397 p.

22- VEYRET (Yvette) (sous la dir.), Dictionnaire de l'environnement, Paris, Armand Colin, 2007, 377 p.

B- Ouvrages spécialisés

1- BLANK (Martin), Ces ondes qui nous entourent. Ce que la science dit sur les dangers des rayonnements électromagnétiques, Montréal, Éd. Écosociété, 2016, 304 p.
2- CACHARD (Olivier), Le droit face aux ondes électromagnétiques. Comment le droit appréhende l'exposition aux ondes électromagnétiques sur la santé ?, Paris, LexisNexis, Coll. « Actualité », 2016, 333 p.
3- FEELAY (Helen), Travailler devant un écran. Soin des yeux, éclairage, posture confort, Montréal, Les Ed. de l'homme, 1985, 126 p.
4- FORGET (Richard), Portables et antennes, mauvaises ondes, Paris, Sang de la Terre, 2010, 191 p.

5- GAUVIN (Dénis) et al., Bilan des normes et recommandations d'exposition aux champs électromagnétiques (O à 300 GHz) et au rayonnement ultraviolet, Québec, IRSST, 1996, 80 p.

6- GOUHIER (Catherine) et al., Survivre au téléphone mobile et aux réseaux sans fil, Paris, Courrier du Livre, 2009, 352 p.

7- LAGROYE (Isabelle), Etude des effets biologiques des champs électromagnétiques non invasifs, Diplôme d'Habilitation à Diriger les Recherches, Paris, Ecole Doctorale de l'Ecole Pratique des Hautes Etudes, 2009, 37 p.

8- LENTIN (Jean-Pierre), Ces ondes qui tuent, ces ondes qui soignent, 2è éd., Paris, Albin Michel, Coll. « Espaces libres », 2004, 340 p.

9- PANAZOL (Jean-Marie) (dir.), La famille Tout-Écran, 2è éd., Paris, CLEMI / RÉSEAU CANOPÉ, 2019, 98 p.

10- PERRIN (Anne) et SOUQUES (Martine) (dir.), Champs électromagnétiques, environnement et santé, 2è éd., Paris, edp sciences, Coll. InterSections, 2018, 241 p.

II- Articles, rapports, manifestations scientifiques, documents de politique et guides, magazines

A- Articles

1- BARNIG (Cyndi) et de BLAY (Frédéric), « Physiopathologie du syndrome d'hypersensibilité chimique multiple », Paris, Revue des Maladies Respiratoires, 2013, pp. 446-450.

2- CACHARD (Olivier), « La preuve des risques associés à l'exposition aux champs électromagnétiques », La Semaine Juridique, Edition Générale, n° 37, 11 septembre 2017, Extrait.

3- CRIIREM, bulletin Transmission, n° 15, Avril 2014, 4 p.

4- DEJEANT-PONS (Maguelonne), « L'insertion du droit de l'homme à l'environnement dans les systèmes régionaux de protection des droits de l'homme », RUDH, Vol. 3, n° 11, 30 novembre 1991, pp. 461-470.

5- DELMAS-MARTY (Mireille), « La mondialisation du droit : chances et risques », Rec. Dalloz, n° 5, février 1999, pp. 43-48.

6- GBAGUIDI (Noël), « L'émergence d'un droit international privé de la famille en Afrique Noire francophone : Cas du Bénin et du Burkina-Faso », R.B.S.J.A., n° 26, 2011, pp. 5-48.

7- GEST (Alain), Les incidences éventuelles sur la santé de la téléphonie mobile. 2009. pp. 30-34.

8- GEST (Alain), Les incidences éventuelles sur la santé de la téléphonie mobile, 2009, pp. 163-164.

9- HARDY-HÉMERY (Odette), « Dangerosité, désinformation et compensation dans l'industrie de l'amiante en France. La firme Eternit, 1922-2006. », Université Charles-de-Gaule/Lille 3, 2006, 41 p.

10- LABARERE (José), Interprétation d'une enquête épidémiologique : type d'enquête, notion de biais, causalité, 2004.

11- LY (Adama), « Ondes électromagnétiques, risques et cancers », Journal Africain du cancer, n°4, Vol. 6, 2014, pp. 190-195.

12- SMETS (Henri), « Une charte des droits fondamentaux sans droit à l'environnement », REDE, n° 4, 2001, pp. 383-417.

13- SOSSOU (Gilles), Autorité Transitoire de Régulation des Postes et Télécommunications (ATRPT) au Bénin : De l'établissement des normes à la mise en œuvre de la régulation du marché, Contribution au Forum de la Régulation, 2009, 21 p.

B- Rapports

1- ANSES, Rapport d'expertise collective « Exposition aux radiofréquences et santé des enfants », 2016, 274 p.

2- ARCEP-BENIN, Annuaire statistique 2016 des communications électroniques et de la poste au Bénin, 35 p.

3- ARCEP-BENIN, Rapport annuel d'activités 2014, 87 p.

4- ARCEP-BENIN, Rapport annuel d'activités 2015, 85 p.

5- ARCEP-BENIN, Rapport annuel d'activités 2016, 74 p.

6- ARCEP-BENIN, Rapport annuel d'activités 2017, 81 p.

7- ARCEP-BENIN, Rapport annuel d'activités 2018, 75 p.

8- Etude d'impact électromagnétique du projet d'installation d'une antenne relais pour la téléphonie mobile dans la localité SOS AGORI, 26 p.

9- IARC : International Agency for Research on Cancer (2002). Non-ionizing radiation, Part 1 : Static and extremely low-frequency (ELF) electric and magnetic fields. Monographs on the Evaluation of Carcinogenic Risks to Humans, Vol 80. Lyon, IARC.

10- IARC : International Agency for Research on Cancer (2013). Non-Ionizing Radiation, Part 2 : Radiofrequency Electromagnetic Fields. Monographs on the Evaluation of Carcinogenic Risks to Humans, Vol 102. Lyon, IARC.

11- *Radiation at a frequency (900 MHZ) and modulations (GSM and CDMA) used by cell phones, November 2018*, 384 p.

12- Rapport technique de diagnostic national des mouvements transfrontières et de la gestion des DEEE au Bénin, Secrétariat de la convention de Bâle, 2011, 68 p.

13- Rapport ANSES de 2013 sur les effets des radiofréquences.

14- Rapport de l'AFSSET. Mise à jour de l'expertise relative aux radiofréquences. 2009. pp. 175-177.

15- Rapport de l'AFSSET. Mise à jour de l'expertise relative aux radiofréquences. 2009. pp. 200-204.

16- Rapport de l'AFSSET. Mise à jour de l'expertise relative aux radiofréquences. 2009. pp. 194-200.

17- Rapport BioInitiative 2007 [synthèse], 14 p.

18- Rapport BioInitiative 2012, 1557 p.

19- SOHOU (Enagnon Brice) et al., (2018), Caractérisation de la nuisance des relais GSM et des hautes tensions électriques de la CEB au Bénin.

C- Manifestations scientifiques

1- Appel international lancé en février 2016, par 220 scientifiques de 42 pays en direction des Nations-Unis et de l'OMS.

2- Conférence internationale des droits de l'homme, tenue à Téhéran en 1968, dans le cadre de l'année internationale des droits de l'homme.

3- Conférence européenne sur l'environnement et la santé tenue à Helsinki du 20-22 juin 1994.

4- Etat des lieux des normes et standards environnementaux (N.S.E) en Afrique centrale, 16ème colloque international en évaluation environnementale, Yaoundé, Cameroun, 13 novembre 2011.

5- Première Conférence interministérielle de Francfort où a été adoptée la Charte européenne de l'environnement et de la santé de 1989.

6- Recommandations du Comité russe de radioprotection sur les effets des champs électromagnétiques sur la santé des enfants et des adolescents, de mars 2011.

7- Troisième appel de Paris (tenu du 12 au 13 avril 2011) sur les pollutions environnementales.

D- Documents de politique et guides

1- Charte Parisienne de la téléphonie mobile, 27 p.
2- Document de Politique et de Stratégie du secteur des Télécommunications, des Technologies de l'Information et de la Communication et de la Poste de 2008.
3- Mesures et précautions réglementaires de protection des populations contre les effets des rayonnements non ionisants (RNI), 8 p.
4- Plan stratégique de l'ARCEP-BENIN couvrant la période 2018-2021, 36 p.

5- Programme d'actions du gouvernement du Bénin couvrant la période 2016 à 2021, 98 p.

6- Stratégie et programme national du Service Universel des Communications Electroniques et de la Poste couvrant la période de 2016 à 2019, ABSU-CEP, 88 p.

E- Magazines

1- Magazine environnemental « Portail de l'Environnement », de la chaîne de télévision nationale BB24, diffusion du 25 septembre 2019 sur le thème : Les pylônes. Des ennemis pour l'environnement.

2- Magazine d'informations de l'ARCEP-BENIN/ N° 001, 50 p.

3- Magazine « Environnement », de TV5 MONDE in « Le journal international », diffusion du 20 novembre 2019 sur le thème : Alerte sur les risques du déploiement de la 5G.

III- Mémoires et thèses

A- Mémoires

1- ADEYEMAN (Mariam), La protection des droits de l'homme face aux progrès de la science et de la technologie, Mémoire de Maîtrise Es-Sciences juridiques, Abomey-Calavi, FA. S. J. E. P. / U.N.B., 1992-1993, 98 p.

2- ADIGNINFOUN (Prudence S.) et ISSA (Yahaya T.), Analyse critique du cadre institutionnel de la protection environnementale au Bénin, Mémoire de Maîtrise Es-Sciences juridiques, Abomey-Calavi, FADESP, UAC, 2004-2005, 68 p.

B- Thèses

1- COUREAU (Gaëlle), Effets sanitaires des champs électromagnétiques et tumeurs du système nerveux central, Thèse de doctorat en épidémiologie, Université de Bordeaux 2, 9 décembre 2013, 255 p.

2- DONOUMASSOU (Pulchérie), L'effectivité du droit de l'environnement au Bénin, Thèse de doctorat unique en droit, UAC/FADESP/Chaire Unesco des droits de la personne et de la démocratie, 1er mars 2013, 518 p.

3- GOUGBEDJI (Cyrille), La protection de l'environnement dans les pays de l'Afrique de l'Ouest : Aspects juridiques et politiques. Bénin, Burkina-Faso, Niger, Sénégal et Togo, Thèse de doctorat unique en droit, UAC/FADESP/Chaire Unesco des droits de la personne et de la démocratie, 1er mars 2011, 523 p.

4- KUBAN (Nicolas), Les ondes électromagnétiques : innocuité ou réel danger pour la santé, Thèse de doctorat en sciences pharmaceutiques, Université de Lorraine, 2013, 107 p.

5- SEVAUX (Stanislas), Impacts sur la santé des champs électromagnétiques non ionisants, Thèse de doctorat en sciences pharmaceutiques, Université d' Angers, 17 octobre 2014, 73 p.

6- TCHIAKPE (Edouard), Contribution à la réalisation du droit de l'homme à l'environnement : cas particuliers du Bénin et de la France, Thèse de doctorat en droit privé, UAC, 2015-2016, 323 p.

7- VERDEUN (Emilie), Les radiofréquences et la santé, Thèse de doctorat en sciences pharmaceutiques, Université de Bordeaux, 2015, 124 p.

IV- Instruments juridiques

A- Instruments juridiques internationaux

1- Convention d'Aarhus du 25 juin 1998 sur l'accès à l'information, la participation du public au processus décisionnel et l'accès à la justice en matière d'environnement.

2- Convention européenne des droits de l'homme du 04 novembre 1950, version à jour de l'amendement par le Protocole n° 16.

3- Résolution 59 (I) de l'Organisation des Nations Unies en date du 14 décembre 1946 sur la liberté de l'information.

4- Résolution 1815 du CE sur le danger potentiel des champs électromagnétiques et leurs effets sur l'environnement.

5- Déclaration d'Helsinki de 1994 sur l'action pour l'environnement et la santé en Europe.

6- Déclaration de Rio sur l'environnement et le développement (13/06/1992).

7- Déclaration sur l'environnement (Stockholm) (16/06/1972).

8- Déclaration universelle des droits de l'homme, adoptée par l'Assemblée générale des Nations Unies le 10 décembre 1948.

9- Recommandation 1999/519/CE du Conseil du 12 juillet 1999 relatives à la limitation d'exposition du public aux champs électromagnétiques [0 Hz à 300 GHz].

B- Instruments juridiques internes

❖ Instruments juridiques béninois

1- Loi n° 2019-40 du 07 novembre 2019 portant modification de la loi n° 90-32 du 11 décembre 1990 portant constitution de la République du Bénin.
2- Loi n° 91-009 du 04 mars 1991 portant loi organique sur la Cour constitutionnelle modifiée par la loi du 31 mai 2001.

3- Loi n° 98-004 du 27 janvier 1998 portant code du travail en République du Bénin, JORB, n° 7, du 1er avril 1998, p. 263.
4- Loi n° 98-030 du 12 février 1999 portant loi cadre sur l'environnement en République du Bénin, JORB, n° 9, du 1er mai 1999, p. 352.

5- Loi n° 2002-07 du 24 août 2004 portant code des personnes et de la famille en République du Bénin.

6- Loi n° 2007-21 du 16 octobre 2007 portant protection du consommateur en République du Bénin, JORB, n° 03, du 1er février 2008, p. 116.

7- Loi n° 2014-14 du 9 juillet 2014 relative aux communications électroniques et à la poste en

République du Bénin, JORB, n° 19 bis, du 1er octobre 2014, p. 3.

8- Loi n° 2015-07 du 20 mars 2015 portant code de l'information et de la communication en République du Bénin.

9- Loi n° 2015-08 du 23 janvier 2015 portant code de l'enfant en République du Bénin.

10- Loi n° 2015-20 du 13 juin 2017 portant code du numérique en République du Bénin.

11- Décret n° 2008-580 du 31 décembre 2008 portant le Document de Politique et de Stratégie (DPS) du secteur des Télécommunications et des Technologies de l'Information et de la Communication et de la Poste.

12- Décret n° 2012-272 du 13 août 2012 portant attributions, organisation et fonctionnement du Ministère de la Santé.

13- Décret n° 2013-555 du 30 décembre 2013 portant création, attributions, organisation et fonctionnement de l'Agence Béninoise du Service Universel des Communications Electroniques et de la Poste (ABSU-CEP).

14- Décret n° 2014-471 du 04 août 2014 portant attributions, organisation et fonctionnement du Ministère de l'Environnement chargé de la Gestion des Changements Climatiques, du Reboisement et de la Protection des Ressources Naturelles et Forestières.

15- Décret n° 2014-599 du 09 octobre 2014 portant attributions, organisation et fonctionnement de l'Autorité de Régulation des Communications Electroniques et de la Poste du Bénin.

16- Décret n° 2015-490 du 07 septembre 2015 portant protection des personnes contre les effets des champs électriques, magnétiques et électromagnétiques de 0 à 300 GHz.

17- Décret n° 2016-420 du 20 juillet 2016 portant création, attributions et fonctionnement du Ministère de l'Economie Numérique et de la Communication au Bénin.

18- Décret n° 2016- 445 du 27 juillet 2016 portant régime d'agrément ou d'homologation des équipements terminaux et équipements ou installations radioélectriques en République du Bénin.

19- Arrêté interministériel n° 054/MS/MDGL/MCVDD/MENC/DC/SGM/DRC/SA du 14 juillet 2016 portant conditions d'implantation des stations radioélectriques en République du Bénin.

20- Décision n° 2016 – 014 – ARCEP/PT/SE /DRP/DMP/DR/DAJRC/GU/ fixant les modalités de saisine et la procédure de traitement des plaintes des utilisateurs des services de communications électroniques et de la Poste.

❖ **Instruments juridiques étrangers**

1- Loi constitutionnelle n° 2005-205 du 1er mars 2005 relative à la Charte de l'environnement, JORF, n° 51, du 2 mars 2005, p. 3697.

2- Loi n° 96-1178 du 27 septembre 1996 relatif à l'Agence nationale des fréquences, JORF, n° 303, du 29 décembre 1996.

3- Loi n° 2010-788 du 12 juillet 2010 portant engagement national pour l'environnement, JORF, n° 0160, du 13 juillet 2010.

4- Loi n° 2015-136 du 9 février 2015 relative à la sobriété, à la transparence, à l'information et à la concertation en matière d'exposition aux ondes électromagnétiques, JORF, n° 34, du 10 février 2015.

5- Code de la santé publique français, version à jour au 28 janvier 2016.

6- Code de la sécurité sociale français, version à jour au 10 septembre 2019.

7- Ordonnance n° 2010-18 du 7 janvier 2010 portant création d'une agence nationale chargée de la sécurité sanitaire de l'alimentation, de l'environnement et du travail, JORF, n° 20, du 8 janvier 2010.

8- Décret n° 2002-775 du 3 mai 2002 relatif aux valeurs limites d'exposition du public aux champs électromagnétiques émis par les équipements utilisés dans les réseaux de télécommunication ou par les installations radioélectriques, JORF, n° 105, du 5 mai 2002.

9- Décret n° 2016-1074 du 3 août 2016 relatif à la protection des travailleurs contre les risques dus aux champs électromagnétiques, JORF, n° 0182, du 06/08/2016.

10- Décret n° 2017-599 du 21 avril 2017 relatif à la mise à disposition sur le marché des équipements radioélectriques en France, JORF, n° 96, du 23 avril 2017.

11- Arrêté du 8 octobre 2003 relatif à l'information des consommateurs sur les équipements terminaux radioélectriques, JORF, n° 17247, du 9 octobre 2003.

12- Arrêté du 12 octobre 2010 relatif à l'affichage du débit d'absorption spécifique des équipements terminaux radioélectriques, JORF, n° 37, du 14 octobre 2010.

V- Avis consultatif et jurisprudence

1- Licéité de la menace ou de l'emploi d'armes nucléaires, avis consultatif, C.I.J., Recueil 1996, p. 226.
2- DCC 17-205 du 19 octobre 2017.
3- TASS (Tribunal des affaires de sécurité sociale) des Yvelines du 27 septembre 2018, n° 15-00718/V.
4- Tribunal administratif de Cergy-Pontoise du 17 janvier 2019, n° 1608265.

VI- Webographie

1- ANFR, [secteurs économiques reposant sur l'accès aux fréquences électromagnétiques et missions classiques de régulation] sur « https://www.anfr.fr/l-anfr/quest-ce-que-le-spectre/ », consulté le 09/11/2018.
2- ANFR, [résultats de toutes les mesures de contrôle de l'exposition aux ondes sur tout le territoire français et carte des stations radioélectriques] sur « https://www.cartoradio.fr/index.html#/ », consulté le 23/11/2018.
3- ANFR, « La lettre d'information de l'ANFR numéro 27 (Novembre/Décembre 2018) », « https://www.anfr.fr/fileadmin/mediatheque/documents/Newsletter/20181221-newsletter-ANFR-novdec2018.htlm », consulté le 09/06/2019.
4- ANFR, « La lettre d'information de l'ANFR du 15 juillet 2019 », « https://www.anfr/toutes-les-actualites/actualites/mise-a-jour-du-telephone-nokia-

61-ta-1043-a-la-suite-dun-depassement-de-la-limite-reglementaire-du-das-tronc/ », idem.

5- ANFR, [résultats de toutes les mesures du DAS en France] sur « https://data.anfr.fr/anfr/portail », consulté le 18/11/2019.

6- ANFR, « https://googleweblight.com/i?u=https://www.anfr.fr/toutes-les-actualites/actualites/des-nouvelles-normes-de-sante-en-matiere-dexposition-en-consultation-/&hl=fr-BJ&grqid=8P9ITJAf&geid=1084 », consulté le 17/04/2020.

7- ARCEP-BENIN, [catalogue de ses décisions] sur « https://arcep.bj/decisions/ », consulté le 03/11/2018.

8- ARCEP-FRANCE, [ses missions] sur « https://www.arcep.fr/larcep/nos-missions.html », idem.

9- BORDES (Christian), « Champs électro magnétiques et santé. La vérité et les études à ce jour. Comment se protéger, comment prévenir ? », « https://www.alti-sante.com/wp-content/uploads/sites/1678/2017/02/approche-sanitaire-livre-christian-bordes-specialiste-ondes-electromagnetiques.pdf », consulté le 15/03/2019.

10- CACHARD (Olivier), « Ondes magnétiques, une pollution invisible », « http://www.monde-diplomatique.fr/2017/02/CACHARD/57119 », consulté le 20/03/2019.

11- CCAVES, « Les effets non-thermiques des champs électromagnétiques », 2018, « http://ccaves.org/blog/wp-content/uploads/Effets-non-thermiques-CEM-version-au-18092018.pdf », consulté le 15/11/2018.

12- CADHP, [Arrêt rendu dans l'affaire Lohé Issa Konaté c. Burkina Faso] sur « https://fr.african-court.org/images/Cases/Judgment/AFFAIRE.%2004-%202013%20-

%20LOHE%20ISSA%20KONATE%20c.%20BURKINA%20FASO%20-%FRENCH.PDF », consulté le 17/04/2020.
13- Cairn.info, « https://www.cairn.info/revue-le-debat-2015-1-page-14.htm », consulté le 13/07/2020.
14- Center Blog, « Energie scalaire », « http://energiescalaire.centerblog.net/3-energie-scalaire », consulté le 24/06/2019.
15- Cour constitutionnelle, DCC 17-205 du 19 octobre 2017, « http://cour-constitutionnelle-benin.org/doss_decisions/DCC%2017-205.pdf », consulté le 07/11/2018.
16- France 2, Le vote impossible [documentaire mettant en cause des scientifiques et illustrant le lobbying de l'industrie contre toute évolution de la réglementation] sur « https://www.youtube.com/watch?v=LN25iA-Oef4 », consulté le 10/03/2019.
17- EXOPORTAIL, « https://exoportail.com/la-suisse-freine-le-deploiement-de-la-5g/ », consulté le 07/05/20.
18- France 2, La fabrique du doute [idem] sur « https://www.youtube.com/watch?v=FYnWPcgEqbQ », consulté le 18/07/2019.
19- HECHES (Jean), Ondes, sciences et manigances [idem] sur « https://www.youtube.com/watch?v=8qD2kmuNYY4 », consulté le 20/01/2019.
20- INRS, « champs électromagnétiques - Risques - INRS », « https://www.google.com/search?q=%22Champs+%C3%A9lectromagn%C3%A9tiques%22%2C+INRS%2C+ED+4203%2C+2005.&ie=utf-8&oe=utf-8 », idem.
21- INRS, « Rayonnements ionisants », « http://www.inrs.fr/risques/rayonnements-ionisants/ce-qu-il-faut-retenir.html », idem.
22- Le GALL (Sophie), Mauvaises ondes, [documentaire mettant en cause des scientifiques et illustrant le lobbying de l'industrie contre toute évolution de la

réglementation] sur « https://www.youtube.com/watch?v=KVd3NXvTH4s », consulté le 20/01/2019.
23- Le Monde diplomatique, « https://www.monde-diplomatique.fr/2016/09/RIMBERT/56226 », consulté le 13/07/2020.
24- Le Parisien, « 11 Septembre : des années après le drame, l'ombre du cancer plane sur New York », « http://www.leparisien.fr/international/11-septembre-des-annees-apres-le-drame-l-ombre-du-cancer-plane-sur-new-york-09-09-2019-8148414.php », consulté le 14/09/2019.
25- LENTIN (Jean-Pierre), Ces ondes qui tuent, ces ondes qui soignent, [documentaire mettant en cause des scientifiques et illustrant le lobbying de l'industrie contre toute évolution de la réglementation] sur « https://www.youtube.com/watch?v=Vl9T4KjS15s&t=1906s », consulté le 20/12/2018.
26- Microwave News, « *A Report on Non-Ionizing Radiation* », « http://microwavenews.com/news/time-stop-who-charade », consulté le 08/04/2019.
27- Next-up organisation, [représentations d'émissions d'ondes électromagnétiques] sur « www.next-up.org », consulté le 20/11/2018.
28- OMS, « Projet international CEM », « https://www.who.int/peh-emf/project/fr/ », consulté le 09/11/2018.
29- OSC (Organisations de la société civile), www.petitionenligne.com/chers_maintenant_lacces_a_linformation_publique_au_benin : consulté le 12/10/19.
30- PEZERAT (Pierre), Les sentinelles [documentaire mettant en cause des scientifiques et illustrant le lobbying de l'industrie contre toute évolution de la réglementation] sur « https://www.youtube.com/watch?v=rG4qqkW5_38 », consulté le 02/09/2019.

31- Portail interministériel français " *Radiofréquences santé-environnement* ", [informations du public sur les radiofréquences, leurs effets et l'actualité des recherches] sur « www.radiofrequences.gouv.fr », consulté le 16/10/2018.
32- Portail interministériel français " *Radiofréquences santé-environnement* ", [explications de la procésure à suivre pour faire mesurer son exposition aux ondes] sur « http://www.radiofrequences.gouv.fr/faire-mesurer-son-exposition-aux-ondes-a97.html », consulté le 07/03/2019.
33- PRIARTEM, [compilation d'études biologiques montrant la nocuité des radiofréquences] sur « http://www.priartem.fr/Ondes-et-tumeurs-Des-preuves.html », consulté le 21/12/2018.
34- PRIARTEM, « Lettre de Priartem 27 », « https://www.google.com/search?client=firefox-b-d&q=Lettre+n%C2%B027+de+Priartem », consulté le 15/02/2019.
35- PRIARTEM, [étude Lerchl et al. sur le rôle des radiofréquences dans la survenance de tumeurs cancéreuses] sur « http://www.priartem.fr/IMG/pdf/Annexe_1_-Analyse_etude_Lerchl_2015.pdf », consulté le 07/08/2019.
36- PRIARTEM, [compilation d'études montrant le lien entre radiofréquences et cancers] sur « http://www.priartem.fr/IMG/pdf/Annexe_2_-Etudes_re_centes_RF_et_canceroge_nicite_.pdf », idem.
37- PRIARTEM, [étude indienne sur le lien radiofréquences et atteinte du génome] sur « http://www.priartem.fr/Riverains-d-antennes-relais-ADN-en.html », consulté le 20/01/2019.
38- Robin des Toits, [rapport de l'étude TNO montrant une série d'effets indésirables avec des niveaux d'exposition

très inférieurs aux VLE recommandées] sur « http://www.robindestoits.org/Rapport-TNO-rapport-gouvernemental-Hollandais-Septembre-2003_a144.html », consulté le 1er/02/2019.

39- SAINT GIRONS (Benoît), « Histoires d'ondes : l'électromagnétisme », « www.lemieuxetre.ch », consulté le 21/12/2018.

40- TASS des Yvelines du 27 septembre 2018, n° 15-00718/V, « https://www.ellipse-avocats.com », consulté le 07/09/2019.

41- Tribunal administratif de Cergy-Pontoise du 17 janvier 2019, n° 1608265, « http://cergy-pontoise.tribunal-administrtif.fr/A-savoir/Communiques/Jugement-signale-Jugement-du-17-janvier-2019-n-1608265-M-F », idem.

Table des matières

Structures éditoriales du groupe L'Harmattan

L'Harmattan Italie
Via degli Artisti, 15
10124 Torino
harmattan.italia@gmail.com

L'Harmattan Hongrie
Kossuth l. u. 14-16.
1053 Budapest
harmattan@harmattan.hu

L'Harmattan Sénégal
10 VDN en face Mermoz
BP 45034 Dakar-Fann
senharmattan@gmail.com

L'Harmattan Cameroun
TSINGA/FECAFOOT
BP 11486 Yaoundé
inkoukam@gmail.com

L'Harmattan Burkina Faso
Achille Somé – tengnule@hotmail.fr

L'Harmattan Guinée
Almamya, rue KA 028 OKB Agency
BP 3470 Conakry
harmattanguinee@yahoo.fr

L'Harmattan RDC
185, avenue Nyangwe
Commune de Lingwala – Kinshasa
matangilamusadila@yahoo.fr

L'Harmattan Congo
67, boulevard Denis-Sassou-N'Guesso
BP 2874 Brazzaville
harmattan.congo@yahoo.fr

L'Harmattan Mali
ACI 2000 - Immeuble Mgr Jean Marie Cisse
Bureau 10
BP 145 Bamako-Mali
mali@harmattan.fr

L'Harmattan Togo
Djidjole – Lomé
Maison Amela
face EPP BATOME
ddamela@aol.com

L'Harmattan Côte d'Ivoire
Résidence Karl – Cité des Arts
Abidjan-Cocody
03 BP 1588 Abidjan
espace_harmattan.ci@hotmail.fr

Nos librairies en France

Librairie internationale
16, rue des Écoles
75005 Paris
librairie.internationale@harmattan.fr
01 40 46 79 11
www.librairieharmattan.com

Librairie des savoirs
21, rue des Écoles
75005 Paris
librairie.sh@harmattan.fr
01 46 34 13 71
www.librairieharmattansh.com

Librairie Le Lucernaire
53, rue Notre-Dame-des-Champs
75006 Paris
librairie@lucernaire.fr
01 42 22 67 13

www.ingramcontent.com/pod-product-compliance
Lightning Source LLC
LaVergne TN
LVHW010919061026
849535LV00007B/2136